Grebennikov
explorise

W0397961

explorise Ferienstraßen

Herausgeber	Alexander Grebennikov
Projektleitung	Yury Kolesnichenko
Redaktion	Susanne Gierds, Cornelia Kaluschke
Texte & Recherche	Horst Schöck
Einleitungstext	Marie Rienecker
Stillektorat	Susanne Gierds
Korrektorat	Markus Rinderknecht
Design	Henriette Damsa
Layout, Satz	Daniela Schwebke
Druck & Verarbeitung	Bosch-Druck GmbH

FSC
www.fsc.org
MIX
Papier aus verantwortungsvollen Quellen
FSC® C011862

Mit freundlicher Unterstützung von Ferienland Hohenzollern e. V. (www.ferienland-hohenzollern.de)

www.grebennikoff.de
www.explorise.de

ISBN 978-3-941784-38-3
1. Auflage Berlin 2013

Explorise Ferienstraßen • Band 9

Grebennikov
Verlag

Hohenzollernstraße

Eine Reise durch Geschichte und Natur

Berlin • Moskau

Inhaltsverzeichnis

Auf den Spuren der Monarchie im Hohenzollernland

Auf 855 Metern gipfelt sie, prunkvoll und massiv steht die Burg Hohenzollern inmitten der Schwäbischen Alb. Fast 1.000 Jahre deutscher Geschichte finden hier ihren Ursprung – die Burg repräsentiert den wichtigsten Angelpunkt für eine der mächtigsten Dynastien Deutschlands: die Hohenzollern. Aus diesem Fürstengeschlecht entstammen brandenburgische Kurfürsten, preußische und rumänische Könige sowie deutsche

Hochzeit von Louis Ferdinand Erbprinz von Preußen und Kira Kirillowna Großfürstin von Russland im niederländischen Doorn bei Wilhelm II., dem Deutschen Kaiser im Exil

Kaiser. Keine andere Herrscherfamilie ist so eng verknüpft mit der Historie Deutschlands.
Neben der brandenburgischen hat die katholische Linie der Familie Hohenzollern das Land maßgeblich geprägt: allen voran die schwäbischen Fürsten von Hohenzollern-Sigmaringen. Auch nach der preußischen Übernahme mit der Märzrevolution 1848 behielten diese als einzige ihre herausragende Bedeutung. Dies erreichten sie u. a. durch stete Zuwächse an Ländereien. Diverse andere Linien waren über die Jahrhunderte entstanden, überlebten jedoch nicht

langfristig. Das Fürstentum Hohenzollern-Sigmaringen setzte sich durch – und es existiert bis heute.
Mit dem letzten deutschen Kaiser und König von Preußen Wilhelm II. verlor die Herrscherfamilie der Hohenzollern nach dem Ersten Weltkrieg die Monarchie. Bis dahin hatte dieser dem Deutschen Reich zu wirtschaftlichem sowie wissenschaftlichem Ruhm verholfen: Deutschland befand sich in einem industriellen Aufschwung und entwickelte sich zur wissenschaftlichen Supermacht. Die Worte „Made in Germany" wurden zum Gütesiegel. Gleichzeitig entstand durch den Wandel zum Industriestaat ein Proletariat, das bis Kriegsbeginn 1914 nicht ausreichend in die Gesellschaft integriert werden konnte. Deutschland geriet in eine nervöse fin de siècle-Stimmung.

Georg Friedrich Prinz von Preußen, das Oberhaupt des Hauses Hohenzollern, mit seiner Braut Sophie Prinzessin von Isenburg am Tag der Hochzeit

1913 feierte der Kaiser noch sein 25-jähriges Thronjubiläum. Die Hochzeit seiner einzigen Tochter Viktoria Luise vereinte zwar noch einmal alle gekrönten Häupter Europas in Berlin, doch kurze Zeit später fruchtete auch keiner seiner Friedensvorschläge mehr: der Kaiser trat 1918 auf Aufforderung der Alliierten und auch des Reichskanzlers zurück.
Wilhelm II. wollte die Monarchie noch retten und stimmte einer Umwandlung Deutschlands in eine parlamentarische Monarchie zu. Dem damaligen US-Präsidenten Woodrow Wilson reichte der Rücktritt

jedoch nicht aus und er forderte die Abschaffung der Monarchie als Gesamtkonstrukt, was die deutsche Regierung damals zwar ablehnte, kurze Zeit später drohte Deutschland aber schon eine rote Revolution. Präventiv verkündete der damalige Reichskanzler Max von Baden am 9. November eigenmächtig die Abdankung Kaiser Wilhelms II.. Die Deutsche Republik wurde ausgerufen. Das Kaiserpaar floh am nächsten Tag ins Exil nach Holland und kehrte nie wieder nach Deutschland zurück. Im Mausoleum im Garten von Haus Doorn in den Niederlanden, wo Kaiser Wilhelm II. im Alter von 82 Jahren nach einer Lungenembolie starb, ruhen auch bis heute seine Gebeine.

Karl Eitel Friedrich von Hohenzollern-Sigmaringen wurde als Carol I. 1866 Fürst und 1881 König von Rumänien.

Das heutige Familienoberhaupt der Hohenzollern, Prinz Georg Friedrich von Preußen, lebt gemeinsam mit seiner Frau Sophie, einer geborenen Prinzessin von Isenburg, und seinen am 20. Januar 2013 geborenen Zwillingssöhnen Carl Friedrich und Louis Ferdinand in Berlin. Die moderne Familie repräsentiert heute das Haus Hohenzollern, kümmert sich gleichzeitig um den Erhalt der Stammburg und trägt so dazu bei ein Stück Vergangenheit zu bewahren und zu pflegen.

Das Oberhaupt des Fürstentums Hohenzollern-Sigmaringen, Karl Friedrich Fürst von Hohenzollern, bewohnt heute mit seiner zweiten Ehefrau, der Prinzessin von Hohenzollern, einen Teil des Schlosses Sigmaringen.

Links: Louis Ferdinand Erbprinz von Preußen mit seiner Gattin Kira Kirillowna Großfürstin von Russland

Karl Friedrich Fürst von Hohenzollern und Katharina Fürstin von Hohenzollern am Tag Ihrer Hochzeit

Das Schloss lädt zu eindrucksvollen Begehungen ein, und stellt eines der Highlights dar. Von dort aus koordiniert das Fürstenpaar u. a. die Erhaltung der Ländereien, führt soziale und kulturelle Begebenheiten durch und prägt so weiterhin maßgeblich dieses besondere Stück Deutschland.
Knapp 1.000 Jahre deutsche Geschichte finden Sie im Hohenzollernland. Wir leiten Sie mit diesem Reiseführer durch die Welt der ehemaligen Monarchie an historische, aber vor allem an attraktive Plätze zum Urlauben, Entspannen und Genießen. Lassen Sie sich auf eine Entdeckung ein, die Sie so vom Ferienland Hohenzollern nicht erwarten würden und erleben Sie nebenbei kleine kulinarische Höhepunkte, die wir für Sie probiert haben und Ihnen ans Herz legen.
Viel Vergnügen!

Linke Seite, unten rechts: Kaisermanöver in Württemberg, Baden und Bayern 1909, erster von links ist Fürst Wilhelm von Hohenzollern

Fürst Wilhelm und Fürstin Adelgunde von Hohenzollern im Kreise ihrer Familie

Sulz am Neckar
Ein Fürst plünderte das Schloss Glatt

Blick auf Sulz um 1863

Wer die Autobahn A81 an der Ausfahrt Sulz am Neckar verlässt, um den Spuren der Hohenzollern zu folgen, muss erst einmal durch enge Serpentinen hinunter an die Ufer des Neckars fahren.
Schon die Kelten hatten sich hier v. Chr. niedergelassen, wovon noch einzelne Grabhügel und eine Viereckschanze zeugen. Heute zählt der Obere Neckarraum zu einer bedeutenden historischen Adelslandschaft. Weit über hundert Adelsgeschlechter haben nachweisbar zwischen 1100 und 1800 rund um Sulz am Neckar Herrschaftsrechte überwiegend in sogenannten „ritterschaftlichen Kleinterritorien" ausgeübt.

Rechts unten: Das Wasserschloss ist eine der besterhaltenen Schlossanlagen Baden-Württembergs.

Sehenswertes

Schloss Glatt

Eindeutige Spuren der Hohenzollern findet man keine acht Kilometer von Sulz entfernt: im 600-Einwohner-Dörfchen Glatt. Das kleine Örtchen, heute Teil der Stadt Sulz am Neckar, lässt den Besucher staunen. Es

Grabmal des Ritters Reinhard von Neuneck in der St. Gallus Kirche

ist blitzblank und ein Musterbeispiel der berühmt-berüchtigten schwäbischen Kehrwoche. Auf die Kehrwoche ist auch das Sprichwort „Jeder soll vor seiner eigenen Türe kehren" zurückzuführen. Inmitten von Glatt erstrahlt ein Schloss wie aus dem Bilderbuch: das Wasserschloss Glatt, dessen heutiges Aussehen bis ins 16. Jahrhundert zurückgeht.
Einst ein spätmittelalterliches Wasserschloss, baute es ein gewisser Reinhard von Neuneck zu einem Renaissanceschloss um, welches heute als das älteste Deutschlands gilt.
Wie die meisten herrschaftlichen Residenzen entlang der Hohenzollernstraße wechselte auch dieses Schloss des Öfteren seinen Besitzer. Als der letzte Nachfahre der Herren von Neuneck 1671 starb, wurden die fürstlichen Äbte des Schweizer Klosters Muri die neuen Besitzer.
Von 1803 bis 1850 fiel durch die Säkularisation (Enteignung der Klöster durch Napoleon) die Herrschaft Glatt an das Haus Hohenzollern-Sigmaringen unter Fürst Anton Alois v. Hohenzollern, der ein leidenschaftlicher Kunstsammler war. Er veranlasste, dass das gesamte

Inventar des Schlosses nach Sigmaringen gebracht wurde. Selbst der Schlosshof-Brunnen musste nach Sigmaringen übersiedeln. Im Hohenzollern-Zimmer des Schlosses Glatt kann man nur noch ein Bild des Brunnens sehen.

Wappen des Adelsgeschlechts Neuneck, deren Familiensitz das Wasserschloss zu Glatt war

Die gesamte Schlossanlage ist seit der Eingemeindung von Glatt 1975 Eigentum der Stadt Sulz am Neckar.

Nach einer umfangreichen Sanierung wurde sie 2001 als Kultur- und Museumszentrum Schloss Glatt eröffnet. Im „KMZ Schloss Glatt" wurden vier Themenbereiche geschaffen: das Adelsmuseum (mit Rüstkammer), das Schlossmuseum, das Kunstmuseum Galerie Schloss Glatt und das seit 1996 bestehende Bauernmuseum.

Kultur- und Museumszentrum Schloss Glatt
Schloss 1, 72172 Sulz am Neckar-Glatt,
Tel. +49 (0)7482 807714
www.schloss-glatt.de

Gustav Bauernfeind auf einem Gemälde von 1880 seines tschechischen Malerkollegen Benes Kupfer

Gustav-Bauernfeind-Museum

Die Stadt Sulz am Neckar selbst sollte man nicht nur durchfahren, denn sie beherbergt ein Museum, das nicht nur Kunstfreunde begeistern wird: das Gustav-Bauernfeind-Museum.

Gustav Bauernfeind, Deutschlands bedeutendster Orientmaler, wurde 1848 in Sulz am Neckar geboren. Als er 1880 den Orient bereiste, blieb er zwei Jahre und siedelte schließlich 1896 mit seiner Familie nach Palästina um. Zeitweise lebte die Familie auch in Syrien und im Libanon.

Bauernfeind war ein außergewöhnlicher Maler, der akribisch genau seine Ölgemälde auf die Leinwand zauberte. Besonders faszinierend: seine Malerei orientalischer Städte und Szenen aus dem Alltagsleben der Araber. Seine Werke lassen Bilder wie Fotografien erscheinen, bis ins kleinste Detail hinein beobachtet und gemalt.

Als Bauernfeind am Heiligabend des Jahres 1904 starb, erlosch auch seine Bedeutung, die Kunstwelt vergaß diesen großen Maler. Wie durch ein Wunder erstrahlte sein Stern in den 1980er Jahren wieder, und zwar mehr denn je. Abzulesen ist der Wert eines Künstlers bei Auktionen, wenn dessen Werke unter den Hammer kommen. Nicht anders war es bei Gustav Bauernfeind. Sein grandioses Werk „Die Klagemauer in Jerusalem" wechselte 1992 für 326.000 Euro den Besitzer. 2007 wurde dieses Ölgemälde nochmals versteigert und erzielte unglaubliche 4,5 Millionen Euro.

Gustav Bauernfeinds „Die Klagemauer von Jerusalem"

Das Museum in Sulz am Neckar liefert einen beeindruckenden Überblick über Bauernfeinds Schaffen. Darunter auch eine Kopie seines berühmtesten Bildes „Die Klagemauer bei Jerusalem" und Originale von Aquarellen.

Untere Hauptstr. 5 (Nähe Marktplatz)
72172 Sulz a. N., Tel. +49 (0)7454 96500
Öffnungszeiten: So: 14–17 Uhr oder nach telefonischer Vereinbarung

Über Nacht

Hotel-Restaurant Kaiser
Oberamtstraße 23
72172 Sulz-Glatt
Tel. +49 (0)7482 9220
www.hotelkaiser.de

Ausflugstipp

Hopfau: Souvenirs von Martina und Moritz

Unweit vom Wasserschloss Glatt liegt Hopfau, ein kleines Dorf, das ebenfalls zu Sulz am Neckar gehört. Schon am Ortseingang sieht man links auf der Höhe ein wunderschönes Bauwerk, das einem kleinen Schloss ähnelt. Einst vom Rottweiler Pulverfabrikanten Max Duttenhofer als Sommersitz erbaut, leben und arbeiten hier Deutschlands dienstälteste Fernsehköche und Autoren zahlreicher Bücher: Martina Meuth und Bernd (Moritz) Neuner-Duttenhofer, die sich hier inmitten

ihres Apfelgutes ein kleines Paradies geschaffen haben. Besichtigen kann man Gut Neunthausen nicht, dafür lassen sich im „Gutslädle" leckere Produkte aus dem biologischen Anbau der Fernsehköche erwerben: Säfte, Wein, Brände, Liköre, Konfitüren, Gelees, Senf-Variationen, Sugos und tolle Apfelessige.

Martina Meuth und Bernd (Moritz) Neuner-Duttenhofer

Gut Neunthausen, Tel. +49 (0)7454 969722
„Gutslädle": Sulzer Straße (beim „Schloss" Neunthausen 45)
Öffnungszeiten: Di, Fr: 10–12 Uhr oder
nach Vereinbarung zwischen 8–12 Uhr (Frau Pfendtner)
www.apfelgut.de

Für Genießer

... und abends wird gevespert

Das abendliche Vesper hat bei den Schwaben Tradition. Auf den Tisch kommen neben Bauernbrot – nach Möglichkeit im Holzofen gebacken – typische Wurstspezialitäten. Die meisten Schwaben kaufen ihre Wurst noch direkt beim Bauern oder auf einem der vielen Märkte. Entlang der Hohenzollernstraße entdeckt man immer wieder landwirtschaftliche Betriebe mit einem Hofverkauf. Hier gibt es noch schwäbische Spezialitäten, die kein Supermarkt im Angebot hat. So zum Beispiel Hausmacher Wurst in Dosen, die auch ohne Bio-Siegel Bio sind, oder echten Bauernmost.

Ein typisch schwäbisches Vesper kann man im Restaurant des Hotels „Zur Freystatt" genießen. Bestellen sollte man das Schlossvesper, das neben einem tollen Bauernbrot aus hausgemachten Wurstsorten, Schwarzwälder Rauchfleisch, Brie, Tomate, Gurke und Butter besteht. Hierzu gehört natürlich ein frisch gezapftes Bier.

Genuss-Tipp

Schwarzwaldhotel
„Zur Freystatt"
Schloßplatz 11
72172 Sulz-Glatt
Tel. +49 (0)7482 92990
www.hotel-freystatt.de

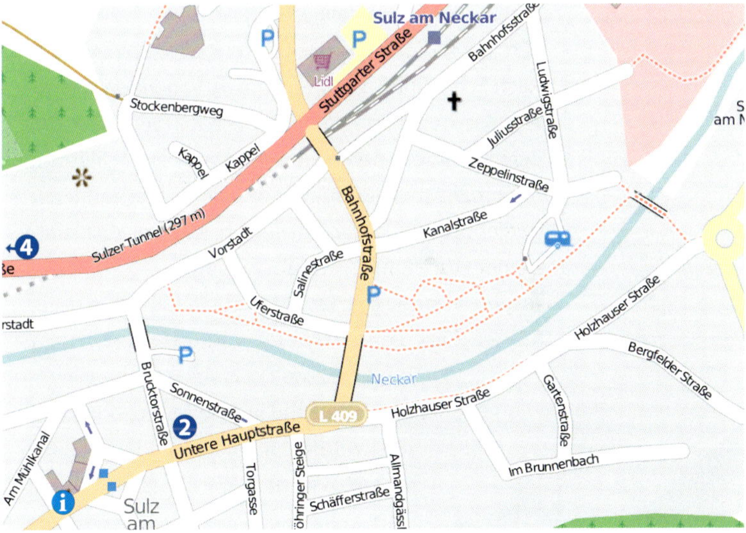

Adressen

1 • *Schloss Glatt*

2 • *Gustav-Bauernfeind-Museum*

3 • *Schwarzwaldhotel „Zur Freystatt"*

4 • *Gutslädle*

Tourist-Information

Obere Hauptstraße 2
72172 Sulz a. N.
Tel. +49 (0)7454 96500
www.sulz.de

Haigerloch Schloss, Kirchen und Atomkellermuseum

Haigerloch – ein Name, der diesem wunderschönen Felsenstädtchen nicht gerecht wird. Alleine der Slogan der Stadt, *„Haigerloch – Dem Himmel nah, auf Fels gebaut"*, widerspricht dem eigenen Ortsnamen. Doch Haigerloch kann ein „Loch" vorweisen, das Weltgeschichte geschrieben hat. Dazu später mehr.
Die erste urkundliche Erwähnung von Haigerloch geht auf das Jahr 1095 zurück, weshalb die Stadt mit geschichtlichen Zeugnissen vollgestopft ist, deren Entdeckung durch den Besucher viele Überraschungen birgt.
Nach Schenkungen, Übernahmen, Verkäufen und Heiraten begannen um 1200 die Bauarbeiten für eine Burg hoch über der Stadt und ihrem kleinen Flüsschen. Als Rudolf von Habsburg Ende des 13. Jahrhunderts Haigerloch das Stadtrecht verlieh, begann auch ein kleiner wirtschaftlicher Aufschwung.
Es ging so lange gut, bis 1356 Erbstreitigkeiten dazu führten, dass die Stadt geteilt wurde. Haigerloch wurde in zwei Ortsteile gespalten: in eine Ober- und in eine Unterstadt. Erst 1381 wurde Haigerloch wieder vereinigt, allerdings zu dem Preis, dass die gesamte Stadt an die Habsburger verkauft wurde. Bereits zuvor war Haigerloch immer wieder verpfändet worden.
1497 schlug dann die große Stunde der Hohenzollern, als Haigerloch durch einen Tauschhandel mit dem österreichischen Kaiser unter ihre Herrschaft kam. Es war der Startschuss für Haigerlochs „goldene Jahre". Es gab nun einen neuen Herrscher:

Das Schloss Haigerloch hat eine 800-jährige Geschichte vorzuweisen.

Haigerloch aus der Vogelperspektive

Graf Christoph von Hohenzollern-Haigerloch (1552–1592). Er ließ die Burg in ein wunderschönes Renaissanceschloss umbauen und dankte seinen Untertanen ihre Treue, indem er aus einem Brunnen Wein fließen ließ – ein Brauch, der bei Stadtjubiläen in Haigerloch heute noch auflebt.
1634 fielen Stadt und Herrschaft an die Linie Hohenzollern-Sigmaringen, zu deren Residenzstadt Haigerloch von 1737 bis 1769 wurde. 1849 übergab Fürst Karl Anton von Hohenzollern-Sigmaringen die Herrschaft Haigerloch an das Haus Preußen. Haigerloch wurde zur preußischen Oberamtsstadt erhoben, dieses Privileg erlosch 1925 durch eine Kreisreform. Haigerloch wurde Teil des Landkreises Hechingen.

Sehenswertes

Das Haigerlocher Rathaus

Es lohnt sich auf jeden Fall einen Stadtrundgang in der Touristeninformation im Rathaus zu beginnen. Zum Einen, da man hier alles erfährt, was man über Haigerloch wissen muss, doch ist das Rathaus selbst auch ein hübsches Bauwerk. Erbaut wurde es Ende des 19. Jahrhunderts und bis in die 1970er Jahre als Schulgebäude genutzt. Auf dem ehemaligen Schulhof steht heute das Haigerlocher Bürgerhaus.
Oberstadtstraße 11, 72401 Haigerloch; www.haigerloch.de

Der Hochaltar mit dem Gnadenbild der Mutter Anna ist mit prunkvollem Barockschmuck versehen.

Wallfahrtskirche St. Anna

Kein geringerer als Fürst Joseph-Friedrich von Hohenzollern-Sigmaringen (1702–1769) beauftragte 1753 den Haigerlocher Baumeister Großbayer in Haigerloch eine Wallfahrtskirche zu bauen. Es dauerte nur vier Jahre bis die Kirche im Stil des Barock und Rokoko fertiggestellt war. Mit dabei waren auch zwei Künstler, die uns auf der Hohenzollernstraße noch öfter begegnen werden: der Bildhauer Johann Georg Weckenmann und der Sigmaringer

Dieses recht unscheinbare Portal führt in das prächtige Innere der Kirche.

Die Orgel von St. Anna aus dem 18. Jahrhundert

Hofmaler Meinrad von Au. Die mit reichem Barockschmuck ausgestattete Wallfahrtskirche beherbergt u.a. eine Orgel aus dem 18. Jahrhundert.
Gruoler Straße 1, 72401 Haigerloch
tagsüber geöffnet

Das Kirchengebäude ist dem neugotischen Stil der Zollernburg angeglichen.

Die Evangelische Kirche und das Abendmahl des Leonardo da Vinci

Mitte des 19. Jahrhunderts wurde in Haigerloch der Wunsch nach einer eigenen evangelischen Kirche immer stärker. Spenden wurden gesammelt, mit denen es tatsächlich gelang, innerhalb von drei Jahren (1860–1863) eine herrliche Kirche im neugotischen Stil zu bauen, und zwar ähnlich der zu dieser Zeit fertiggestellten Zollernburg.
Allein die sensationelle Nachschöpfung des Heiligen Abendmahls von Leonardo da Vinci ist eine Besichtigung wert. Gemalt wurde es vom Düsseldorfer Kunstmaler Friedrich Schütz in den Jahren 1952/53 – eine sensationelle Nachbildung.
Pfleghofstraße 20, 72401 Haigerloch; tagsüber geöffnet

Die Nachschöpfung des Heiligen Abendmahls von Friedrich Schütz ist im Altarraum zu bewundern.

Haigerlocher Rosengarten

Wer im Mai oder Juni die Straße der Hohenzollern befährt, wird in Haigerloch von herrlichen Düften empfangen. Wenn in Haigerloch der Flieder blüht, duftet das gesamte Städtchen, selbst geführte Flieder-Touren werden angeboten. Ist der Flieder verblüht, dann finden Blumenfreunde im Haigerlocher Rosengarten ein weiteres duftendes Blumenmeer. Auf 5.000 Quadratmetern blühen um die 10.000 Rosen aus rund 300 Sorten.

Gruoler Straße, 72401 Haigerloch; Tel. +49 (0)7474 956611; www.haigerlocher-rosengarten.de

Rosige Zeiten in Haigerlochs Rosengarten

Das Haigerlocher Schloss

Von einer mittelalterlichen, um 1200 errichteten Burg wurde dieses Schloss unter Graf Christoph von Hohenzollern-Haigerloch zu einem Glanzlicht der deutschen Renaissance umgebaut.

Am äußeren Torbogen des Schlosses begrüßt ein springender Löwe den Besucher. Was nur wenige wissen: Es ist dies das Allianzwappen derer von Hohenzollern und Berg, also ein Zeugnis aus der Zeit, als die Hohenzollern die Herrschaft über Haigerloch hatten.

Noch heute sind auf Schloss Haigerloch Fruchtkasten, Hofkaplanei, Marstall und das Wohngebäude der einstigen Herren von Haigerloch zu sehen. 1975 kaufte schließlich der Haigerlocher Fabrikant Paul Eberhard Schwenk († 2005) das Schloss und leitete umfangreiche Renovierungs- und Sanierungsarbeiten ein. Entstanden ist ein Schmuckkästchen, das heute ein Kongresszentrum, ein Hotel und ein Restaurant beherbergt. Da Schwenk ein großer Kunstfreund war, können Besucher auch eine Galerie mit Wechselausstellungen besuchen.

Das Atomkellermuseum unter der Schlosskirche

Werner Heisenberg, Carl Friedrich von Weizsäcker und Karl Wirtz waren die Protagonisten eines Forschungsprojektes, an dessen Ende der Bau eines Atomreaktors stehen sollte. Es war von Weizsäcker, der recht früh erkannte, dass das in einem Atomreaktor entstehende Plutonium der erste Schritt zum Bau einer Atombombe sein könnte.

Werner Heisenberg 1933, einer der bedeutendsten Physiker des 20. Jahrhunderts und Nobelpreisträger

Damals wurde noch in Berlin geforscht, doch als 1943 die Bombenangriffe auf die Hauptstadt immer heftiger wurden, fand man in Haigerloch ein riesiges Felsenloch, das als Bierkeller genutzt wurde und sich als ideale Forschungsstätte erwies.

Um zu verstehen, was Heisenberg und seine Kollegen erforschen wollten, sollte man unbedingt eine Führung mitmachen. So erfährt man beispielsweise, was es mit 644 Nachbildungen schwarzer, an Drähten befestigter Uranwürfel auf sich hat, oder mit dem drei Meter breiten Becken, in das die Forscher das sogenannte „schwere Wasser" pumpten. Zu sehen ist auch ein Nachbau des „B 8"-Versuchsmeilers. In ihm wollten die Forscher mit Uranwürfeln eine kontrollierte Kettenreaktion erzeugen.

Der Haigerlocher Felsenkeller ist mit Sicherheit ein Höhepunkt der Hohenzollernstraße – lehrreich und spannend zugleich.

Pfluggasse 5, 72401 Haigerloch, Tel. +49 (0)7474 1800; Öffnungszeiten: Mai bis Sept., Oster- und Herbstferien: Mo–Sa: 10–12 und 14–17 Uhr, So und Feiertag: 10–17 Uhr; März, April, Okt., Nov.: Sa: 10–12 und 14–17 Uhr, So und Feiertag: 10–17 Uhr; Dez., Jan., Feb. geschlossen

Einst ein Bierkeller, später ein Atomforschungslabor, heute ein Museum

Ehemalige Synagoge in Haigerloch

Über sechs Jahrhunderte hinweg prägten Juden mehr oder weniger stark das Leben der Stadt. Nachweisbar geht deren Haigerlocher Geschichte zumindest bis ins Jahr 1346 zurück. Die ersten staatlich verordneten Morde an Haigerlocher Juden wurden bereits im Jahre 1348 dokumentiert, als man ihnen unterstellte, an einer Pestepidemie schuld zu sein.

Um das Jahr 1525, also in der Zeit der Reformation, wurden jüdische Mitbürger vor allem aus Württemberg vertrieben. Da erkannten die Grafen von Hohenzollern, dass sich mit den Juden die klammen Kassen auffüllen ließen. Gegen ein sogenanntes Schutzgeld wurden den flüchtenden Juden Schutzbriefe ausgehändigt, die zwar ihr Leben garantierten, aber deren Rechte

erheblich einschränkten. Als Vorreiter in Sachen Schutzbriefe gilt Graf Christoph Friedrich von Hohenzollern. Ein von ihm unterzeichneter Schutzbrief aus dem Jahre 1534 ist in der Synagoge als Teil der Dauerausstellung „Spurensicherung: Jüdisches Leben in Hohenzollern" ausgestellt.
In dieser Zeit siedelten sich zahlreiche Juden in Haigerloch und im Umland an. Sie durften hier eine Synagoge bauen (vermutlich 1595), aber bis auf den Handel keine anderen Berufe ausüben. Allerdings fühlten sich die Haigerlocher Händler durch die neue Konkurrenz in ihrer Existenz bedroht und verlangten ein Handels-Berufsverbot für Juden.
Um das Jahr 1730 sollten die Juden Haigerloch auf Anordnung des Fürsten Josef Friedrich verlassen, wogegen die Umlandgemeinden protestierten, da sie zum großen Teil von den Juden versorgt wurden. Wegen der Umland-Proteste, aber auch, da der Fürst auf die jährlichen Schutzgeldzahlungen nicht wirklich verzichten konnte, durften die Juden bleiben. Sie litten jedoch weiterhin unter strengen Verboten. 1749 wurde ihnen sogar das Heiraten untersagt.
Nach vielen Verboten und Einschränkungen jüdischen Lebens durch verschiedene Fürsten kam es zwangsweise zu einem Sinneswandel. So gab es ein Verbot für Haus- und Grundbesitz für Schutzjuden, das 1795 aufgehoben wurde, da deren Zahl ständig stieg und Wohnraum knapp wurde.
Juden bekamen einen Bauplatz im Haagviertel, mussten die Finanzierung des Hausbaus jedoch selbst übernehmen. Nach Fertigstellung ging das Haus automatisch in den Besitz des Fürsten über. Erst 1815 verkaufte der klamme Fürst den Juden Grundstücke und Häuser, die sie bereits bezahlt hatten. 1820 erhielten sie zunächst ein eigenes Rabbinat. 1885 eröffneten eine jüdische Metzgerei und ein jüdisches Gasthaus im Haag. Es entstand ein jüdisches Viertel, das prosperierte und sich zunehmend emanzipierte.

Die Gedenktafel an der ehemaligen Synagoge in Haigerloch erinnert an die deportierten Juden.

Im Zuge der Aufklärung wurde 1833 eine Verfassung für Hohenzollern-Sigmaringen geschrieben, die Religionsfreiheit garantieren sollte. 1838 wurden durch ein landesfürstliches Gesetz aus Schutzjuden offiziell Untertanen des Fürsten, elf Jahre später wurden sie durch die Reichsverfassung zu in allen Belangen gleichberechtigten Mitbürgern. Doch der Frieden währte nicht lang, denn der Holocaust erreichte auch Haigerloch. Die Judenverfolgung durch die Nazis traf die Haigerlocher Juden mit voller Härte. Dem Aufruf zum Boykott jüdischer Geschäfte folgten 1933 anfänglich nur wenige Bürger, allerdings durften Juden schon damals nicht mehr in der Freiwilligen Feuerwehr tätig sein. Ab 1935 war es ihnen zudem verboten, mit ihren Mitbürgern zu baden. 1938 wurde vielen Juden die berufliche Existenz entzogen, als sie ihre Gewerbe-Wanderscheine abgeben mussten. Im November 1938 kam es dann zur Zerstörung der Synagoge und zu erheblichen Beschädigungen von Wohnhäusern durch die SA. Elf Haigerlocher Juden wurden in sogenannte Schutzhaft genommen, gequält und ins KZ Dachau verschleppt.

Daraufhin verließen viele jüdische Bürger Haigerloch, auch da sie sich nur noch in speziell ausgewiesenen Straßen bewegen durften. 1941 wurde die Synagoge zu einer Turnhalle umgebaut, eine Welle von Deportationen begann. Etwa hundert Juden aus Haigerloch wurden 1941 in Riga ermordet, 1942 24 im KZ Lublin, 136 im KZ Theresienstadt. Im November 1942 gab es in Haigerloch keine Juden mehr.

Erst 1999 kaufte die Stadt die ehemalige Synagoge, die zwischenzeitlich als Kino und Lager genutzt wurde. 2004 wurde hier eine Dauerausstellung eröffnet, die den Titel „Spurensicherung: Jüdisches Leben in Hohenzollern" trägt.

Dauerausstellung „Spurensicherung: Jüdisches Leben in Hohenzollern": Im Haag 14, 72401 Haigerloch, (Gustav-Spier-Platz 1); Info: Gesprächskreis ehemalige Synagoge Haigerloch e. V. Tel. +49 (0)7474 958065; Öffnungszeiten: Sa: 11–17 Uhr, So: 11–17 Uhr, Do (April – Okt.): 14–19 Uhr; www.synagoge-haigerloch.de

Über Nacht

Schloss Haigerloch
Schloss 4
72401 Haigerloch
Tel. +49 (0)7474 6930
www.schloss-haigerloch.de

In den Maultaschen wird zur Fastenzeit das Fleisch vor Gott versteckt.

Für Genießer

Warum Maultaschen auch „Herrgottsbscheißerle" heißen

Maultaschen, ein Synonym für traditionelle schwäbisch-badische Küche. Man nannte sie einst „Herrgottsbscheißerle", was soviel heißt wie „den Herrgott an der Nase herumführen". In den katholischen Landesteilen galt natürlich auch die Regel, dass man während der Fastenzeit kein Fleisch essen durfte. So kamen die pfiffigen Schwaben auf die Idee, das Fleisch in einem Nudelteig zu verstecken, damit der Herrgott dies nicht sähe. So jedenfalls sagt es die Legende.
Wie dem auch sei, die Maultasche wurde zum Versuchsfeld kreativer Köche. Heute gibt es unzählige Variationen dieses wunderbaren Gerichts. Ob mit Ei und Hackfleisch oder rein vegetarisch, ob gekocht, geschmälzt oder überbacken, man findet entlang der Hohenzollernstraße zahlreiche Restaurants und Gaststätten, die oft nach eigenen Rezepten Maultaschen auf ihren Speisekarten anbieten. In Haigerloch zum Beispiel das Hotel-Restaurant Krone. Hier werden Maultaschen immer mit einem bunten Salat serviert. Egal ob paniert und gebacken mit einem Spiegelei, geschmälzt mit Speck und Zwiebeln oder gar in kräftiger Wildrahmsoße mit Preiselbeeren.

Genuss-Tipp

Hotel-Restaurant Krone
Oberstadtstraße 47
72401 Haigerloch
Tel. +49 (0)7474 95440
www.krone-haigerloch.de

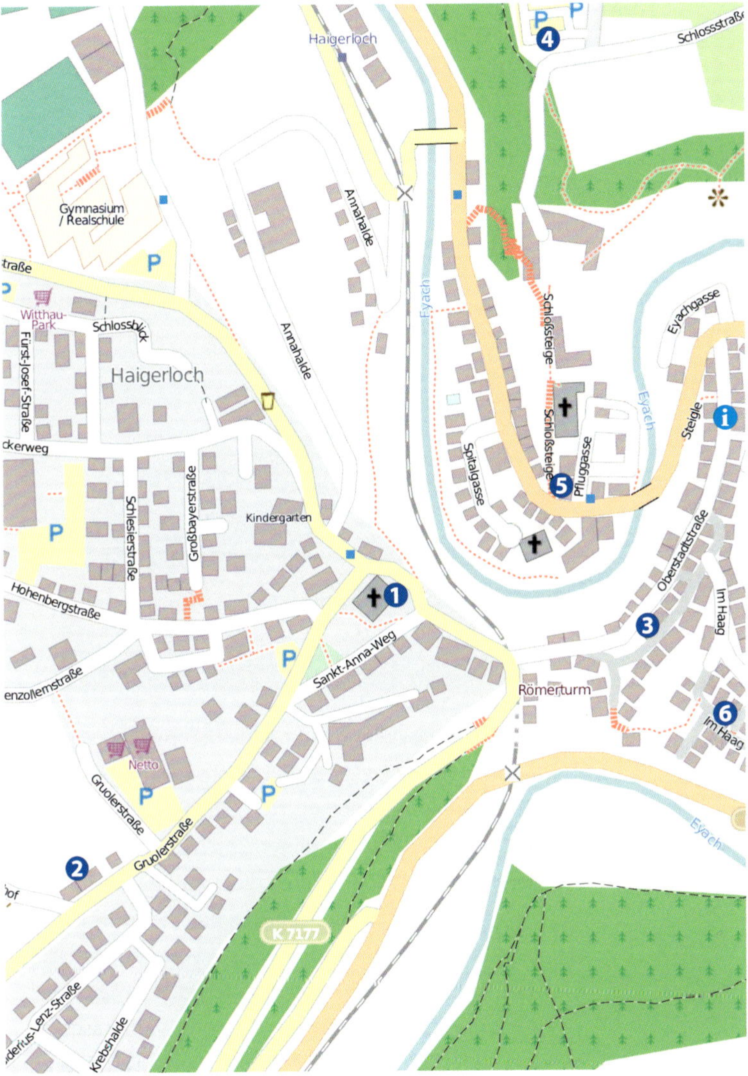

Adressen

1 • *Wallfahrtskirche St. Anna*

2 • *Haigerlocher Rosengarten*

3 • *Evangelische Kirche*

4 • *Schloss Haigerloch*

5 • *Atomkellermuseum*

6 • *Ehemalige Synagoge*

Tourist-Information

Oberstadtstraße 11
72401 Haigerloch
Tel. +49 (0)7474 69727
www.haigerloch.de

Rangendingen Ritter der Walger und Nichthuldiger

Das kleine Dorf Rangendingen mit rund 5.300 Einwohnern ist stolz darauf, dass erste Spuren einer Besiedlung bis um 5.000 v. Chr. nachgewiesen wurden. Interessant ist Rangendingen auch als Musterbeispiel dafür, welch bizarre Formen die einstige Kleinstaaterei angenommen hatte. Zu Beginn des 14. Jahrhunderts ging der eigene Ortsadel unter, was zur Folge hatte, dass selbst dieses kleine Dörfchen mit damals rund 200 Einwohnern geteilt wurde, und zwar zwischen dem Adel der Hohenberger und den Zollern. Doch die Rangendinger wollten sich dieser Teilung nicht beugen und bekannten sich zu den Zollern. Sie wollten deren liberalere Gerichtsbarkeit für das ganze Dorf. 1467 erfolgte die Vereinigung des Dorfes unter der Herrschaft der Zollerngrafen.

Über Nacht

Gasthof Rössle
Haigerlocher Straße 5
72414 Rangendingen
Tel. +49 (0)7471 984920
www.roessle-rangendingen.de

Die Zuneigung zu den Grafen von Hohenzollern verschwand im Laufe der Jahre, denn die Grafen kippten das freie Jagdrecht. Dagegen lehnten sich die Rangendinger und einige umliegende Dörfer auf. Von 1584 bis 1796 gab es insgesamt 15 Bauernaufstände gegen die Hohenzollern. Tatsächlich kämpften die Rangen-

Idyllisch gelegen: das Dorf Rangendingen

dinger Bauern und ihre Unterstützer aus den Nachbargemeinden um dieses Recht bis zur Revolution 1848. Die Bauern stürzten Fürst Friedrich Wilhelm Konstantin am 11. Mai 1848 und übernahmen vorübergehend selbst die Macht.
Ein dunkles Kapitel begann gegen Ende des 16. Jahrhunderts: die Hexenverfolgung. Insgesamt wurden im Raum Rangendingen 73 „Hexen" entlarvt, von denen 18 in Hechingen vor „Gericht" kamen. Die Hexenverfolgung dauerte vermutlich bis ins Jahr 1627 an. Belegbar ist ein Hechinger „Hexenprozess" im Jahre 1610 gegen eine Anna Widmayer aus Rangendingen. Weitere Details sind heute nicht mehr belegbar.

Sehenswertes

Klosterkirche zum Heiligen Kreuz

Wer die Hohenzollernstraße bereist, sollte aus mehreren Gründen etwas länger in Rangendingen bleiben.

Die Ausstattung der Klosterkirche stammt fast vollständig aus der Erbauungszeit.

Schon allein die außergewöhnliche Klosterkirche zum Heiligen Kreuz ist eine spätbarocke Besonderheit, denn sie ist seit ihrer Weihe 1754 bis heute beinahe unverändert. Dieser glückliche Umstand ist der Pleite der Dominikanerinnen des Frauenklosters Rangendingen zu verdanken, denen das Geld zur endgültigen Fertigstellung der Kirche ausging und auf Marmor und Gold verzichtet werden musste. Aus diesem Grund sind noch solch einmalige Holzarbeiten und Holzschnitzereien zu sehen, die aus der Mitte des 18. Jahrhunderts stammen. Besonders die „Nonnenempore" in Form eines Gitters und die Kanzel sind echte Schmuckstücke.
Schulstraße 8, 72414 Rangendingen
Tel. +49 (0)7471 997910;
Besichtigung nach Anmeldung im Rathaus

Heimatmuseum „s´Mahles Haus"
Dass es nicht immer die Museen der großen Metropolen dieser Welt sein müssen, um Besuchern Interessantes zu zeigen, das beweist das Heimatmuseum Rangendingen. Wie sehr sich das Leben in einer heute rund 6.000-Einwohner-Gemeinde seit dem 19. Jahr-

hundert verändert hat, ist spannend und lehrreich zugleich und wird im „s´Mahles Haus" umfassend illustriert. Gezeigt werden die sich ständig verändernden Arbeitsbedingungen vom Beginn der Industrialisierung bis in die 1990er Jahre hinein, aber auch wie sich die Freizeitgestaltung der Rangendinger Einwohner verändert hat. Hier erfahren Besucher wie Rangendingen als kleiner Mikrokosmos so geworden ist wie es sich heute präsentiert.
Schulstraße 1, 72414 Rangendingen, Tel. +49 (0)7471 99790

Schwerpunkt des Museums ist die Industrialisierung Rangendingens durch jüdische Trikotageunternehmen und das Handwerk.

Badesee Rangendingen
Ein schöner Platz, um die Seele baumeln zu lassen oder etwas Sport zu treiben, findet sich im Sommer am Badesee, der am Ortsrand von Rangendingen liegt. Schwimmen, auf einer sehr gepflegten Liegewiese ruhen, sich unter einer Kaltwasserdusche erfrischen oder sich auf einem Beachvolleyballfeld beweisen, das alles kann man wunderbar rund um den Badesee Rangendingen. Urlauber, die mit Kindern unterwegs sind, können diese in einem abgetrennten Wasserspielbereich toben lassen. Direkt am See hat die Gemeinde

Rangendingen zudem einen 300-Meter-Barfußpfad angelegt, ein gesundes Vergnügen für Jung und Alt.
Am großen Damm, 72414 Rangendingen
Tel. +49 (0)7471 99790

Für Genießer

Zwiebelrostbraten – Krönung der Schwabenküche

Er ist die Hohe Kunst der schwäbischen Küche: der Zwiebelrostbraten, eine abgewandelte Form des Roastbeefs, mit handgemachten Spätzle. Und in der Tat ist es nicht einfach, ihn perfekt auf den gedeckten Tisch zu bekommen. Mitentscheidend ist natürlich – wie immer – das Fleisch. Dies bedeutet einmal, dass es bei einem echten Metzger gekauft wurde und ja kein „Wasserfleisch" aus dem Supermarkt ist. Es muss gut abgehangen sein, um nicht zäh auf dem Teller den Gast zu enttäuschen. Auch muss die Soße mit dem Fleisch und den Spätzle harmonieren.
Es ist ein nicht gerade billiges Gericht, das der eher sparsame Schwabe nur zu besonderen Anlässen bestellt. Da ein Urlaub entlang der Hohenzollernstraße ebenfalls etwas Besonderes ist, sollte man sich zumindest einmal den schwäbischen Rostbraten gönnen, wozu sich unbedingt ein Glas Trollinger empfiehlt. In Rangendingen kann man einen perfekten Rostbraten im „Gasthof Rössle" bekommen.

Genuss-Tipp

Gasthof Rössle
Haigerlocher Straße 5
72414 Rangendingen
Tel. +49 (0)7471 98492
www.roessle-rangendingen.de

Der Zwiebelrostbraten gehört in der schwäbischen Küche zu den besonders erlesenen Gerichten.

Adressen

1 • *Klosterkirche zum Heiligen Kreuz*

2 • *Heimatmuseum „s´Mahles Haus"*

3 • *Badesee Rangendingen*

4 • *Gasthof Rössle*

Tourist-Information

Rathaus Rangendingen
Schulstraße 8
72414 Rangendingen
Tel. +49 (0)7471 997910
www.rangendingen.de

Hechingen
Residenzstadt der Hohenzollern

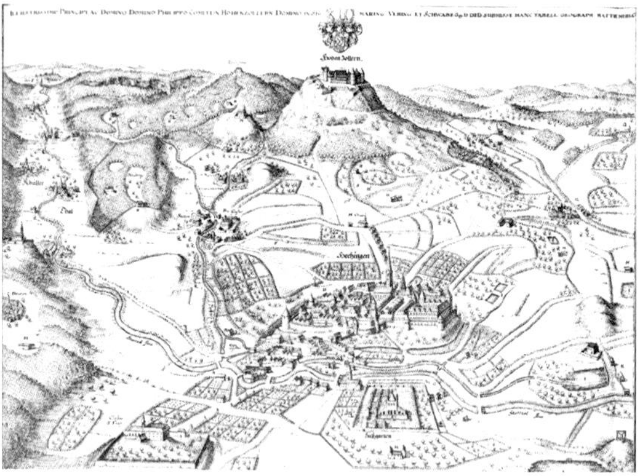

Hechingen mit der Burg Hohenzollern, ein Kupferstich von Merian um 1650

Umgeben von herrlichen Wacholderheiden, gespickt mit dem Wahrzeichen der Schwäbischen Alb, der Silberdistel, liegt das sehenswerte Städtchen Hechingen. Eine Stadt, Mittelpunkt einer einmaligen Naturlandschaft, die alles bietet, um hier länger zu verweilen.
In kaum einer anderen Gemeinde entlang der Hohenzollernstraße kommt man den Hohenzollern so nahe wie hier. Mit der grandiosen Burg Hohenzollern in Sichtweite, bietet die alte Residenzstadt Hechingen selbst wunderschön erhaltene historische Bauwerke und zahlreiche weitere Sehenswürdigkeiten.
Hechingen ist urkundlich als „Hahingun" erstmals 786 in einer Schenkungsurkunde des Klosters St. Gallen belegt. Die mittelalterliche Stadt wurde in der ersten Hälfte des 13. Jahrhunderts von den Zollerngrafen auf dem Vorsprung über der Starzel angelegt. 1401 brannte sie fast völlig nieder und 1423 wurde auch die Burg zerstört, danach wurde Hechingen zur Residenz der Zollerngrafen. Die Zollerische Erbteilung 1576 brachte

Konstantin von Hohenzollern war der dritte und letzte souveräne Fürst von Hohenzollern-Hechingen.

dann die Grafschaft Hohenzollern-Hechingen hervor. Die Stadt war bis 1623 Sitz der Grafen und danach der Fürsten von Hohenzollern-Hechingen.
Einer der wichtigsten Hechinger Grafen, Eitel Friedrich I. von Hohenzollern-Hechingen regierte von 1576 bis 1605, die Stadt hat ihm zahlreiche Bauwerke aus der Renaissance zu verdanken. Zeugnisse aus dieser Zeit sind die Klosterkirche St. Luzen, das Spital und der Untere Turm. Das von Eitel Friedrich erbaute Renaissanceschloss wurde Anfang des 19. Jahrhunderts durch das sogenannte Neue Schloss ersetzt. Die letzte fürstliche Residenz war die 1786 als Lustgartenhaus erbaute und 1833 zum repräsentativen Wohngebäude erweiterte „Villa Eugenia". Dort residierte das letzte Hechinger Fürstenpaar, Friedrich Wilhelm Konstantin und Fürstin Eugenie von Hohenzollern-Hechingen.

Friedrich Wilhelm Konstantin war ein Schöngeist, der sich eine eigene Hofkapelle leistete, die mit berühmten und hochangesehenen Musikern wie Franz Liszt und Hector Berlioz musizierte. Weitere Glanzpunkte in Hechingen setzte die letzte Fürstin von Hohenzollern-Hechingen Eugenie (1808–1847), eine Stiefenkelin Napoleons und Tochter einer bayrischen Prinzessin. Sie brachte hochadligen Glanz in die Residenzstadt Hechingen und sorgte gleichzeitig mit Stiftungen und einem beträchtlichen Teil ihres Nachlasses für viele soziale Einrichtungen in der Stadt, so die 1839 eröffnete Kleinkinderbewahranstalt, der erste Kindergarten Hechingens. Von der napoleonischen „Flurbereinigung" verschont, fiel auch das souveräne Fürstentum Hohenzollern-Hechingen schlussendlich in der Folge der Revolution 1848/49 an

Eugénie de Beauharnais, Prinzessin von Leuchtenberg, war die Stiefenkelin des französischen Kaisers Napoleon Bonaparte.

Wappen des Fürstentums Hohenzollern-Hechingen

das stammverwandte Preußen, dem es bis zum Ende des II. Weltkrieges 1945 angehörte. Deren Herrschaft endete erst 1945. Und noch etwas Besonderes zeichnet Hechingen aus: Hier treffen die Römer auf die Hohenzollern! In Hechingen kreuzen sich zwei der schönsten Ferienstraßen, die Römerstraße Neckar-Alb-Aare und die Hohenzollernstraße. Weshalb es sich lohnt, einen Abstecher in das Römische Freilichtmuseum Hechingen-Stein zu machen.

Sehenswertes

Rathaus und Rathausbrunnen

Das erste Rathaus (1510) war gotisch, 1886 im Stil der Neorenaissance umgebaut und 1935 noch einmal. 1955/56 wurde der Bau wegen Baufälligkeit abgebrochen. 1957/58 wurde das heutige Rathaus an gleicher Stelle neu erbaut.

Der Rathausbrunnen zeigt wunderschöne Reliefs mit Darstellungen der Stadtgeschichte Hechingens, und zwar von der frühen Besiedlung bis zur Neuzeit.

Marktplatz 1, 72379 Hechingen

Alte Synagoge

Das Innere der Alten Synagoge (1767) wurde in der Reichspogromnacht 1938 komplett zerstört. Nach einer grundlegenden Sanierung ist sie heute eine eindrucksvolle Erinnerungs- und Begegnungsstätte. Nachdenklich stimmt die ständige Ausstellung „Juden in Hechingen. Geschichten einer jüdischen Gemeinde in neun Lebensbildern aus fünf Jahrhunderten". Zur Geschichte der Juden in Hechingen gehört auch der jüdische Friedhof von Hechingen (um 1650) mit über 1.200 Gräbern und ca. 650 Grabsteinen.

Goldschmiedstraße 20;
Kontakt: Bürger- und Tourismusbüro
Tel. +49 (0)7471 940-211 bis 214;
Öffnungszeiten und Führungen
nach Vereinbarung

Unterer Turm

Wuchtig steht er da, der letzte Turm der ehemaligen Stadtmauer von Hechingen, der zudem, so scheint es, mitten auf der Straße errichtet wurde. Bauen ließ ihn Eitel Friedrich I. von Hohenzollern-Hechingen im Jahre 1579.

Staig, 72379 Hechingen

Das Neue Schloss wurde unter Fürst Friedrich Hermann errichtet.

Neues Schloss

Das Neue Schloss in Hechingen wurde von den Fürsten und ihren Familien nie bewohnt. Es diente jedoch dem Fürsten Friedrich Wilhelm zur Aufbewahrung seiner Kunstsammlung. Erbaut wurde es 1816–1819 im Auftrag des Fürsten Friedrich Hermann Otto. Nach einem grundlegenden Umbau (1982) blieb praktisch nur noch die sehenswerte klassizistische Fassade erhalten. Heute ist das Neue Schloss die Hechinger Zentrale der Sparkasse Zollernalb.

Schloßplatz, 72379 Hechingen

Friedrich Hermann von Hohenzollern wurde als Offizier Napoleons auf dem Russlandfeldzug schwer verletzt.

Villa Eugenia

Das klassizistische Lustgartenhaus (1786/87) im Fürstengarten diente lange Zeit als Sommersitz der Fürsten von Hechingen. Nach der Erweiterung um zwei Seitenflügel 1833 machte es

In der Villa Eugenia kann man sich heute trauen lassen.

das letzte regierende Fürstenpaar von Hohenzollern-Hechingen, Friedrich Wilhelm Konstantin und Eugenie zu seinem Wohnsitz. Nach einer grundlegenden Generalsanierung wird das Gebäude heute als Tagungs- und Kulturzentrum genutzt, sowohl für öffentliche als auch private Veranstaltungen, besonders auch für Hochzeiten. Ein Trauzimmer ist vorhanden.

Zollernstraße 10, 72379 Hechingen
Tel. +49 (0)7471 702490;
www.villa-eugenia.de

Stiftskirche St. Jakobus

Die klassizistische katholische Pfarrkirche St. Jakobus d. Ä. (1783 geweiht) wurde von Fürst Joseph Wilhelm von Hohenzollern-Hechingen an der Stelle eines Vorgängerbaues errichtet. Dieser war seit 1536 Pfarrkirche von Hechingen und hatte St. Luzen in dieser Funktion abgelöst.

Kirchplatz, 72379 Hechingen
(ganztägig geöffnet)

Die Stiftskirche St. Jakobus besteht aus einem mächtigen Saalbau mit einem Westturm.

Die Deckengemälde im Chor und Schiff stammen vom Maler Fidel Schabet und sind vom Stil der Nazarener beeinflusst.

Den Namen Johanneskirche erhielt das Gotteshaus von König Wilhelm I..

Auffällige Schnitzkunst im Altarraum der Kirche

Evangelische Johanneskirche
Natürlich war es ein Preuße, der 1857 eine evangelische Kirche auch in Hechingen bauen ließ: König Friedrich Wilhelm IV. von Preußen. Besonders interessant: das ornamentale Schnitzwerk des Altars, in den die Wappenschilde der Grafen von Zollern, der Burggrafen von Nürnberg, der Markgrafen von Brandenburg, der Könige Preußens und das Kaiserwappen integriert wurden.
Zollernstraße, 72379 Hechingen (ganztägig geöffnet)

St.-Luzen-Kirche
Sie zählt zu den bedeutendsten Renaissancekirchen (1589) Süddeutschlands, die von Graf Eitel Friedrich I. von Hohenzollern-Hechingen erbaut wurde und bis 1535 Hechingens Pfarrkirche war. In den 1970er Jahren wurde die Kirche wunderbar restauriert und so zu einem wichtigen kunsthistorischen Bauwerk von überregionaler Bedeutung. Bis 1808, in der Zeit der Säkularisierung, war hier ein Franziskanerkloster, in dem sich heute das katholische Bildungshaus St. Luzen befindet. Alljährlich von Dezember bis Januar wird in

Von außen wirken die grauen Wände der Kirche sehr schlicht und verraten noch nichts über den reichen Stuck im Innern.

Das Stichkappengewölbe ist mit gotisierten Rippen versehen.

der St.-Luzen-Kirche eine barocke Weihnachtskrippe gezeigt, die in Süddeutschland einmalig sein dürfte. Die Figuren stammen überwiegend aus der zweiten Hälfte des 18. Jahrhunderts und wurden mit großem Aufwand restauriert.
Sankt-Luzen-Weg, 72379 Hechingen

Hohenzollerisches Landesmuseum (Altes Schloss)
Dieses über hundert Jahre alte Museum beherbergt mit die bedeutendsten Sammlungen Baden-Württembergs. Zu sehen sind vor allem Exponate aus den ehemals souveranen Fürstentümern Hohenzollern-Hechingen und Sigmaringen. Weiterhin werden über 100.000 Jahre Menschheitsgeschichte gezeigt. Spannend, informativ, lehrreich und vor allem verständlich gegliedert in die Bereiche Archäologische Funde, Mittelalter und Renaissance ist das Landesmuseum, wo man locker einen ganzen Nachmittag verbringen kann.
Schloßplatz 5, 72379 Hechingen, Tel. +49 (0)7471 621847; Öffnungszeiten: Mi–So und Feiertage: 14–17 Uhr; www.hzl-museum.de

Oldtimermuseum Zollernalb

Auf fast 2.000 Quadratmetern Fläche können Besucher eine Zeitreise durch die Welt der mobilen Fahrzeugentwicklung seit 1886 unternehmen. Alles über die Geschichte von Autos, Motorrädern und Traktoren wird gezeigt. In der Museumswerkstatt bekommt man Einblicke in den Aufbau einzelner Fahrzeugteile.

Obere Mühlstraße 7, 72379 Hechingen
Tel. +49 (0)7471 6201127; Öffnungszeiten bitte erfragen;
www.oldtimermuseum-zollernalb.de

Schloss Lindich

Das ab 1738 als Jagd- und Lustschloss durch Fürst Friedrich Ludwig erbaute Gebäude diente zumeist als

Sommersitz der Hechinger Fürsten. Unter dem musikliebenden Fürst Friedrich Wilhelm Konstantin konzertierten hier unter anderem Franz Liszt und Hektor Berlioz. Vom Schloss bietet sich ein herrlicher Blick auf die Zollernalb. In einem der um die Anlage gruppierten Kavaliershäuschen ist ein Restaurant untergebracht. Ansonsten befindet sich das Gelände im Privatbesitz und kann nicht betreten werden.
Lindich, 72379 Hechingen

Genuss-Tipp

Restaurant Schloss Lindich
Lindich 4
72379 Hechingen
Tel. +49 (0)7471 5101

Kultur und Erlebnis

Schwäbisch-Alemannische Fasnacht in Hechingen

Erste Belege für Fasnachtstreiben in Hechingen finden sich in den gräflichen Landesordnungen des 16. Jahrhunderts. Die heute gelebte Tradition der Fasnacht in Hechingen geht bis in das Jahr 1877 zurück, als die Althistorische Narrenzunft Narrhalla Hechingen gegründet wurde. Zur Narrenzunft gehörten zwischenzeitlich auch weitere Gruppen: Zollerhexen, Hagenmannhexen und Fasnachtsmusikgruppen wie die Hechinger Lumpenmusik, die Hudelgaibätscher, die Gugguba und die Schnorchelhuaschter. Alle Stadtteile Hechingens feiern eine eigene Fasnacht mit eigenen Figuren und Musikgruppen. Charakteristisch für die Hechinger Fasnacht sind die „Butzen" mit Holz- oder Stoffmasken und weitere Fasnachtsfiguren. Die Kostüme sind das „Häs".

Über Nacht

Hotel-Restaurant „Der Brielhof"
Auffahrt Burg Hohenzollern/B 27
72379 Hechingen
Tel. +49 (0)7471 98860
www.brielhof.de

Hotel-Café Klaiber
Obertorplatz 11
72379 Hechingen
Tel. +49 (0)7471 2257
www.hotel-klaiber.de

Hotel-Restaurant Hechinger Hof
Stalg 24
72379 Hechingen
Tel. +49 (0)7471 93019301
www.hechinger-hof.de

Hotel-Restaurant Lamm
Römerstraße 29
72379 Hechingen-Stein
Tel. +49 (0)7471 9250
www.hotel-lamm-hechingen.de

Fasnachtsumzug um 1880 mit Prinz Karneval

Traditionelle Mi-Parti-Kostüme mit Holzmaske, Glöckchen, Narrenkappe und Marotte

Eine bronzene Grabplatte bedeckt das Herz des Grafen Eitel Friedrich IV.

Besucher der Hohenzollernstraße müssen sich zumindest an den Haupttagen der Hechinger Fasnacht an eine ganz besondere Sprache gewöhnen: der Donnerstag wird dann zum „Aoselige Daoschtig“ (unseliger Donnerstag) der Fasnachtsmontag ist der „Lompameedig“ (Lumpenmontag). Am Fasnachtsdienstag findet der große Narrenumzug statt, an dem etwa 3.000 „Hästräger“ teilnehmen. Gegen Mitternacht ist das Verbrennen des Pestmännles (Strohfeuer auf dem Schlossplatz) das Ende der Fasnacht.

Adressen

1 • *Neues Schloss*
2 • *Villa Eugenia*
3 • *Stiftskirche St. Jakobus*
4 • *Hohenzollerisches Landesmuseum (Altes Schloss)*
5 • *Oldtimermuseum Zollernalb*
6 • *Schloss Lindich*

Tourist-Information

Bürger- und Tourismusbüro
Kirchplatz 12
72379 Hechingen
Tel. +49 (0)7471 940211214
www.hechingen.de

Burg Hohenzollern Die Traumburg auf dem Sonnenberg

Als wäre sie der Fantasie eines begnadeten Malers entsprungen, so thront sie auf einem 855 Meter hohen vorgelagerten Bergkegel der Schwäbischen Alb: die Burg Hohenzollern, Stammsitz einer der bedeutendsten deutschen Dynastien. Hier wurden sie geboren oder hatten ihre Wurzeln: deutsche Kaiser, preußische Könige und Fürsten. Hier lebten sie in prachtvollen Gemächern und lagerten in der Schatzkammer, die heute den Besuchern der Burg offensteht, ihr Vermögen.
Die Burg Hohenzollern gehört laut der „Deutschen Zentrale für Tourismus (DZT)“ zu den hundert beliebtesten Ausflugszielen in Deutschland. Insgesamt standen 350 Bauwerke und Naturschönheiten zur Auswahl.
Zum allerersten Mal wurden die Hohenzollern in der „Weltenchronik“ des Reichenauer Mönches Berthold erwähnt, der 1061 berichtete, dass die Brüder Wezil und Burchardus „de Zolorin“ im Kampf gefallen waren.
Der Name „Zollern“ leitet sich höchstwahrscheinlich aus dem lateinischen Ausdruck „mons solarius“ ab, mit dem bereits die Römer den kegelförmigen Zollerberg als „Berg der Sonne“ bezeichneten. Aus dem Wort „solarius“ bildete sich im Laufe der Zeit „zolorin“, „zolre“ und letztendlich „Zollern“. Ab dem 14. Jahrhundert fügten die Zollergrafen ein „Hohen“ hinzu, um schon in ihrem Namen darauf hinzuweisen, dass es sich bei ihrem Stammsitz um eine Höhenburg handelt.
Gegen Ende des 12. Jahrhunderts erlangte Graf Friedrich III. von Zollern durch Erbheirat zusätzlich die Grafschaft Nürnberg. Seine beiden Söhne nahmen während des 13. Jahrhunderts eine Erbteilung vor, aus der die beiden bis heute bestehenden Hauptlinien der

Hohenzollern hervorgingen: das schwäbische Fürstenhaus und die fränkisch-brandenburgisch-preußische Linie der Hohenzollern.
1576 nahm der süddeutsche Zweig der Hohenzollern erneut eine Teilung vor: die Linien Hohenzollern-Haigerloch, Hohenzollern-Hechingen und Hohenzollern–Sigmaringen, von denen seit 1869 nur noch letztere besteht. Auf Spuren dieser drei Linien trifft man bei einer Reise überall auf der Hohenzollernstraße.

Luftaufnahme der prunkvollen Burg Hohenzollern

Die Burg Hohenzollern erlebte drei Bauphasen. Die erste Burg wurde im 11. Jahrhundert erbaut und 1423 durch einen Krieg zerstört. Von ihr sind heute nur noch wenige Fundamentreste und drei religiöse Sandsteinplatten erhalten. 1454 wurde der Grundstein der zweiten Burg gelegt, die von der Familie bis nach dem Dreißigjährigen Krieg als Festung genutzt, doch dann verlassen wurde. In der Folgezeit gab es verschiedene Besatzungen, wobei die Burg nach und nach verfiel und sich Anfang des 19. Jahrhunderts nur noch als Ruine präsentierte.

Es war der preußische König Friedrich Wilhelm IV. (1795–1861), der bereits als Kronprinz von der Lage und der Aussicht des seinerzeit ruinösen Stammsitzes seiner Familie derart beeindruckt war, dass er den Wiederaufbau beschloss. Um dieses enorme Vorhaben realisieren zu können, suchte und fand er Unterstützung bei seinen schwäbischen Verwandten, den Fürsten von Hohenzollern-Sigmaringen. Diese beteiligten sich mit einem Drittel an den Baukosten, Preußen übernahm zwei Drittel. Nach 17 Jahren Bauzeit wurde die dritte Burg Hohenzollern am 3. Oktober 1867 offiziell eingeweiht.

Es entstand eine der schönsten und imposantesten neugotischen Burganlagen Deutschlands, die Prinz Louis Ferdinand von Preußen ab 1952 mit künstlerisch wertvollen und historisch bedeutenden Gegenständen zur Geschichte Preußens und seiner Könige ausstattete.

Nach wie vor befindet sich die komplette Burg in Privatbesitz der preußischen und schwäbischen Linie der Hohenzollern und wird heute wie eine private Firma ohne staatliche Unterstützung geführt. Somit muss sich die Burg selbst finanzieren – wie etwa auch die Reparatur der Millionenschäden durch ein schweres Erdbeben 1978.

Louis Ferdinand von Preußen mit seiner Ehefrau Kira 1938

Ritterhelme der Burg Hohenzollern

Auf dieser Auffahrt gelangt man zur Burg Hohenzollern.

Mit über 300.000 Besuchern pro Jahr ist die Burg Hohenzollern ein wahrer Touristenmagnet. Durch Führungsbetrieb, Veranstaltungen und eigene Gastronomie finanziert, präsentiert sie sich den Besuchern aus aller Welt heute wieder in voller Pracht. Die Burg spiegelt die Zeit nach dem Mittelalter und die Zeit des Preußentums sowie die idealistischen Vorstellungen des Mittelalters in der Neogotik wider.
Burg Hohenzollern, 72379 Burg Hohenzollern
Tel. +49 (0)7471 2428; Öffnungszeiten:
1. Nov. bis 15. März: täglich 10–16.30 Uhr; 16. März bis 31. Okt.: täglich 10–17.30 Uhr; Ruhetag: 24. Dez.;
www.burg-hohenzollern.com

Sehenswertes

Die Burg von außen

Der Fußweg auf die Burg ist etwas beschwerlich, doch mit Pendelbussen können sich die Besucher bis vor den Eingang fahren lassen: das Adlertor mit seiner Zugbrücke. Zum Burghof führt ein Weg mit drei Kehren. Die erste führt um den Wilhelmsturm, über den Zwinger führt die zweite und die dritte um den spiralförmigen Rampenturm. Ist die „Schnarrwachtbastei" erreicht, wird der Besucher mit einem herrlichen Blick auf den Traufgang der gegenüberliegenden Schwäbischen Alb belohnt. Von hier aus kann man die gesamte Burg umrunden und kommt zur Neuen Bastei, zur Fuchslochbastei, zur Scharfeckbastei, zur Gartenbastei und schließlich zur St. Michaelsbastei. Zwischen den einzelnen Basteien sind Standbilder der preußischen Könige zu sehen. Von der Schnarrwachtbastei gelangt man auch durch den quadratischen Torturm direkt in den Burghof, der von dem U-förmigen Hochschloss umgeben ist. Der Südflügel beginnt mit der katholischen Michaelskapelle, der Nordflügel mit der evangelischen Christuskapelle. Dazwischen befinden sich die Führungsräume, der Eingang zu den unterirdischen Kasematten sowie das Burgrestaurant, der Burg-Shop und die Information. Gesäumt ist das Hochschloss von mehreren Türmen, darunter auch der Fahnenturm, auf dem die Flagge gehisst wird, wenn der Burgherr persönlich anwesend ist.

Eingangshalle (Stammbaumallee)
In der neun Meter hohen Eingangshalle der Burg begrüßt ein gemalter Stammbaum der Hohenzollern die Besucher. Er beginnt mit der ersten urkundlichen Erwähnung der Dynastie im 11. Jahrhundert und endet bei den deutschen Kaisern und deren Nachfahren. Über einem Kamin sind die internationalen verwandtschaftlichen Beziehungen derer von Hohenzollern dargestellt.

Grafensaal
Der größte und repräsentativste Raum der Burg ist der zehn Meter hohe Grafensaal. Freistehende Marmorsäulen tragen ein Kreuzrippengewölbe mit goldener Rankenmalerei an dem sechs große Kronleuchter mit insgesamt 288 Kerzen hängen. In den Plattenboden sind schwarze und weiße Marmorelemente eingebunden, die die Hausfarben der Hohenzollern widerspiegeln. Die Spitzbogenfenster wurden mit Grisaillen, also

Der Grafensaal kann für besondere Abendanlässe gebucht werden.

Grau, Weiß und Schwarz gestaltet, und mit farbigen Malereien von Friedrich August Stüler (1800–1865) versehen.

Salon der Königin

Durch die Bibliothek mit ihren Sagen erzählenden Wandgemälden gelangt der Besucher über den Salon des Königs im Markgrafenturm und das Schlafzimmer des Königs in den Blauen Salon. Mit seinen blattvergoldeten Wänden und dem blau-samtenen Mobiliar ist er als schönster Raum der Burg der Königin gewidmet. Die Gemälde-Portraits zeigen bedeutende Damen der Familie wie etwa die berühmte Königin Luise, Kaiserin Augusta und Kaiserin Viktoria.

Aus fünf verschiedenen Hölzern ist der Fußboden des Blauen Salons zusammengesetzt.

Schatzkammer- und Waffenkammer
Die heutige Schatzkammer war einst die Küche der Burg und liegt direkt unter dem Grafensaal. Hier sind die mit 18 Brillanten und 142 zu Rosen geschliffenen Diamanten verzierte Preußische Königskrone von Wilhelm II. sowie Erinnerungsexponate an Friedrich den Großen, Königin Luise und weitere Persönlichkeiten der deutschen Geschichte zu sehen. Ein weiterer Höhepunkt ist die aus Seidendamast gefertigte Courschleppe von Königin Luise.

Die preußische Königskrone wurde für Wilhelm II. angefertigt.

Eine besondere Rolle spielt Friedrich der Große. Zu sehen sind sein Waffenrock, den er während der Schlacht bei Kunersdorf getragen hat und die original Schnupftabaksdose, die ihm das Leben vor einer tödlichen Kugel rettete. Von ihm sind auch noch seine Krückstöcke sowie zwei Traversflöten zu sehen. Die der Schatzkammer vorgelagerte Waffenkammer entführt den Besucher in die Welt der Ritter und beeindruckt mit originalen Rüstungen, Schwertern und Lanzen aus dem Mittelalter.

Für Genießer

Schlemmen in königlichem Ambiente: das Café Restaurant Burg Hohenzollern
Schwäbische Spezialitäten stehen auf der Speisekarte im Mittelpunkt: Linsen mit Saitenwürstle und Spätzle, schwäbische Maultaschen, geschmelzt, mit hausgemachtem Kartoffelsalat oder geschmorte Rinderbäckle an Rotweinsoße mit Spätzle sind zu empfehlen. Im Sommer können sich Gäste in einem der schönsten Biergärten der Zollernalb entspannen. Hier darf man auch seinen Rucksack auspacken und sein mitgebrachtes Vesper verzehren. Ein Kiosk sorgt für die passenden Getränke. Es gibt auch eine kleine Speisekarte, Kaffee und Kuchen und natürlich Süßigkeiten.

Burg Hohenzollern
K 7110
P
P
P
Burg Hohenzollern
Burg Hohenzollern
K 7110
K 7110
Hohenzollern
855
Burg Hohenzollern

Bisingen
Ritter der Walger und Nichthuldiger

Bisingen ist eine uralte Ansiedlung, Spuren aus der Stein-, Bronze- und Eisenzeit belegen dies. Die erste Gründung einer Siedlung wird den Alemannen um 300 n. Chr. zugeordnet, eine erste urkundliche Erwähnung von Bisingen stammt aus dem Jahre 786. Auch Bisingen hatte zu Beginn des 13. Jahrhunderts einen eigenen Ortsadel, die „Ritter der Walger", sogenannte Lehensleute der Grafen von Hohenzollern. Spuren der Walger findet man noch heute in der Ruine Schlößle. Die Bisinger waren schon immer ein recht eigenwilliges

Fürst Hermann Maria Friedrich Otto von Hohenzollern-Hechingen

Der Blick vom Blasenberg auf Bisingen

Völkchen, das sich nicht scheute, der Obrigkeit die Stirn zu bieten – so auch den Hohenzollern im Jahre 1798. Die Bisinger begehrten heftig gegen neue Steuer-, Fron- und Jagd-Verordnungen auf. Nachdem der damalige Fürst Hermann Friedrich Otto einen Kompromiss vorschlug, akzeptierten diesen alle umliegenden Gemeinden, nur nicht die Bisinger, die vor allem auf ihre Jagdrechte nicht verzichten wollten. Dies brachte ihnen den Ruf der „Nichthuldiger" ein, ein Name der noch heute als Synonym für die Bisinger gehandelt wird. Erst als Hohenzollern 1851 an die Preußen ging, huldigten sie König Friedrich Wilhelm IV. von Preußen, von dem sie sich mehr Freiheiten erhofften.

Genuss-Tipp

Gasthaus Rose
Hauptstraße 14
72406 Bisingen
Tel. +49 (0)7476 1334
www.gasthaus-rose.com

Die Fasnetsfigur des „Nichthuldigers" stellt geschichtliche Bauern und Handwerker dar.

Ehrenfriedhof und Gedenkstätte des KZs Natzweiler-Struthof

Noch immer liegt ein dunkler Schatten nationalsozialistischen Wahnsinns über der kleinen Gemeinde am Fuße der Burg Hohenzollern. Als 1943 nach der verlorenen Schlacht bei Stalingrad die russischen Ölquellen für den Krieg versiegt waren, suchten die Nazis nach Alternativen und glaubten, durch Ölschiefer diesen Verlust ersetzen zu können.
Kriegsminister Albert Speer persönlich ordnete an, zehn Ölschieferwerke zwischen Tübingen und Rottweil zu bauen. Große Ölschiefervorkommen am Rande der Schwäbischen Alb schienen geradezu ideal. Die Suche nach Arbeitskräften wurde der SS übertragen, die sieben Konzentrationslager mit über 10.000 „Häftlingen" in der Region bauten. Eines davon in Bisingen, wo 4.163 „Häftlinge" unter schlimmsten Arbeitsbedingungen Ölschiefer abbauen mussten.
Bald erwies sich jedoch, dass Ölschiefer die Erwartungen nicht erfüllen konnte, die Ausbeute war viel zu gering. Dieser Wahnsinn kostete mehr als 3.480 Menschen das Leben. In Bisingen erinnert ein Ehrenfriedhof an 1.158 Tote unbekannten Namens aus vielen Ländern Europas, darunter zahlreiche Juden, die an

Über Nacht

★★★ Pension zur Morchel
Onstmettinger Straße 12
72406 Bisingen-Thanheim
Tel. +49 (0)7476 530

Die Teilgemeinde Zimmern gewann eine Goldmedaille beim Dorfschmuckwettbewerb.

Hunger, Entkräftung, Zwangsarbeit und Misshandlungen starben.
Heute sorgt auch das Bisinger Heimatmuseum dafür, dass diese dunklen Jahre nicht vergessen werden. Ein „Geschichtslehrpfad" mit Hinweistafeln ergänzt die Ausstellung im Heimatmuseum „Mut zur Erinnerung – Mut zur Verantwortung".
Kirchstraße 15, 72406 Bisingen, Tel. +49 (0)7476 3104; Öffnungszeiten: So: 14–17 Uhr und nach Vereinbarung

Der Ortskern der Gemeinde Thanheim liegt mitten im Grünen.

Die Hinweistafel neben der restaurierten Schildmauer gibt Auskunft über die Burgruine Ror.

Sehenswertes

Ruine Schlößle

Das erwähnte Rittergeschlecht der Walger hatte um 1220 auf einem Vorberg des Hundsrücken die Burg Ror erbauen lassen. Im Volksmund wird die Burgruine heute „Schlößle" genannt. Zum „Schlößle" führt auch ein Wanderweg, der an der Burg Hohenzollern endet. Gäste, die hier oder in der Nähe übernachten, sollten den kurzen Spaziergang zum Schlößle abends unternehmen und werden einen wunderschönen Sonnenuntergang zu sehen bekommen.

Ausflugstipp

Wandern auf dem „Kaiserweg"

Der geschichtsträchtige „Kaiserweg" führt auf interessanten und historischen Pfaden durch die Geschichte der Hohenzollernschen Lande und Bisingens und informiert über die Entstehung der heutigen dritten Burg Hohenzollern.

Der Rundweg beträgt ca. 6 km, Wegweiser mit dem Kaiserweg Logo führen von Station zu Station. Noch einfacher: Kaiserweg-App herunterladen und sich in die Welt der Ritter und Könige entführen lassen. Herrliche Ausblicke sowie traumhaft gelegene Grillstellen runden die Wanderung ab.

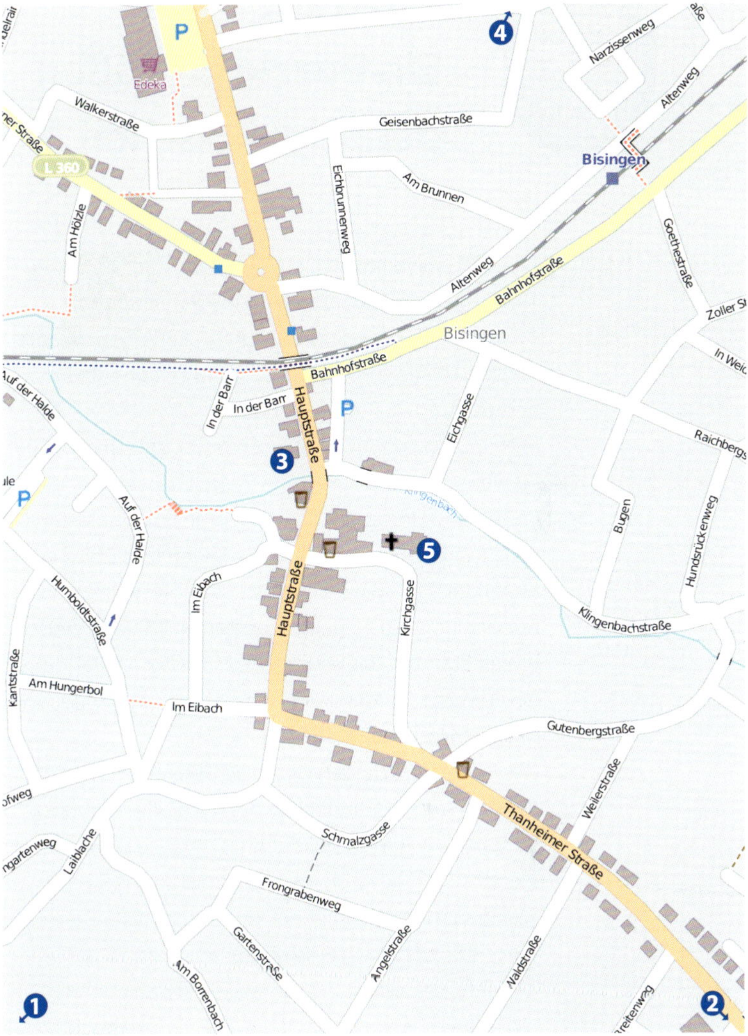

Adressen

1 • *Ruine Schlößle*

2 • *Pension zur Morchel*

3 • *Gasthaus Rose*

4 • *Gedenkstätte KZ Natzweiler-Struthof*

5 • *St.-Nikolaus-Kirche*

Tourist-Information

Gemeindeverwaltung
Heidelbergstraße 9
72406 Bisingen
Tel. +49 (0)7476 8960
www.bisingen.de

Albstadt
Ein Puzzle zu Füßen der Schwäbischen Alb

Albstadt ist eigentlich ein Puzzle. Die Stadt entstand 1975 durch die Zusammenlegung von Ebingen, Tailfingen, Onstmettingen, Laufen, Lautlingen, Margrethausen, Pfeffingen, Burgfelden und zählt heute insgesamt rund 45.000 Einwohner.

Mittelpunkt von Albstadt ist Ebingen, mit rund 18.500 Einwohnern auch die größte Stadt. Wie viele andere Städte und Dörfer der Region wurde Ebingen erstmals im 8. Jahrhundert erwähnt. Die Bedeutung Ebingens als religiöses und wirtschaftliches Zentrum begann bereits im Früh- und Hochmittelalter, im 13. Jahrhundert erhielt Ebingen das Stadtrecht. Mitte des 14. Jahrhunderts wurde Ebingen an Württemberg verpfändet und ist seit 1468 fester Teil Württembergs.

Oberhalb von Ebingen ist der Schlossfelsen mit einem Aussichtsturm zu finden, an dessen Stelle einst die Burg Häringstein stand, die 1100 erbaut wurde. Von der einstigen gewaltigen Stadtbefestigung ist nur wenig vorhanden, aber der wunderbar restaurierte Bürgerturm ist noch ein Zeugnis aus dem 15. Jahrhundert. Die „bösen Buben" aus dieser Zeit wurden im

Panoramablick auf Ebingen von der Schleichhütte aus

„Malefizturm" eingebuchtet, neben dem sich noch die einzigen Reste der Stadtmauer befinden.

Sehenswertes

Der „Kräuterkasten"

Ebingen ist auch seiner Fachwerkhäuser wegen einen Besuch wert. Herausragend ein Beispiel: der „Kräuterkasten", einst ein herrschaftlicher Fruchtkasten, heute ein kleines Naturkunde- und Archäologiemuseum. Besonders interessant sind Exponate von Funden aus der Römerzeit.
Im Hof 19, 72458 Albstadt;
Öffnungszeiten: Mi, Sa, So und Feiertage: 14–17 Uhr

Der Bürgerturm aus der Zeit um 1500 gilt als Wahrzeichen der Stadt.

Ebinger Heimatmuseum

Das Ebinger Heimatmuseum befindet sich in der „Alten Schule", ein Gebäude, dessen Geschichte bis zum Anfang des 18. Jahrhunderts zurückreicht. Zu sehen sind Zeugnisse zur politischen, religiösen, sozialen und wirtschaftlichen Vergangenheit der Stadt und eine Sammlung zur Geschichte des Radios und der Fotografie. Im 1. Stock befindet sich eine typische Ebinger Bürgerwohnung aus dem Jahr 1900.
Im Hof 19, 72458 Albstadt; Öffnungszeiten:
Mi, Sa, So, Feiertage 14–17 Uhr

Galerie Albstadt

Ein Highlight ist die 1975 gegründete Galerie Albstadt, eine der bedeutendsten kommunalen Sammlungen in Baden-Württemberg. Rund 450 Werke von Otto Dix, der größte Bestand seiner Papierarbeiten weltweit. Weiterhin sind Werke der berühmten Expressionisten Ernst Ludwig Kirchner, Erich Heckel und Max Beckmann zu sehen. Etwas Besonderes ist die Spezialsammlung „Landschaftsbilder der Schwäbischen Alb" mit Gemälden, graphischen und plastischen Werken vom 17. Jahrhundert bis zur Gegenwart. Die Sammlung der Galerie Albstadt umfasst rund 20.000 Arbeiten auf Papier und etwa 250 Gemälde.

Galerie Albstadt, Kirchengraben 11, Tel: +49 (0)7431 1601491; Öffnungszeiten: Di–Sa: 14–17 Uhr, So und Feiertag: 11–17 Uhr; www.albstadt.de/staedtische-galerie

Überraschungen in der Fußgängerzone

Bei einem Streifzug durch die Ebinger Fußgängerzone in der Unteren Vorstadt stößt man ungläubig auf die „Xingles", Skulpturen aus dem Jahr 1991. Es handelt

Die dickleibigen Comicfiguren zeigen in der Ebinger Fußgängerzone ihren blanken Hintern.

sich hierbei um bunte Comicfiguren, die dem Betrachter ihre blanken Hinterteile entgegenstrecken. An diesen Anblick haben sich viele Ebinger bis heute noch nicht gewöhnt. Unumstritten dagegen die Ritterfigur auf dem Marktbrunnen, eine Kopie des Originals von 1545, welches sich in der Stadtbücherei befindet.
Die Fußgängerzone beherbergt aber noch weitere Sehenswürdigkeiten, beispielsweise das Rathaus im Jugendstil in der Marktstraße, das mit zahlreichen, sehr schönen Details versehen ist.

Jugendstil und Architektur

Ebingen ist eine Stadt, die vom Jugendstil mit all seinen Facetten geprägt ist. Bestes Beispiel ist das Rathaus. Was Ebingen so einzigartig macht, ist die noch vorhandene Vielfalt industrieller Jugendstil-Architektur. Entstanden sind die meisten Jugendstil-Fabriken zwischen Ende des 19. und Anfang des 20. Jahrhunderts. Die ehemaligen Samt- und Waagenfabriken, allesamt im Jugendstil erbaut, kann man von außen betrachten. Die Villa Haux in der Gartenstraße 5 gilt als das schönste Gebäude von Ebingen. Der Fabrikant Friedrich

1907 wurde in einer spektakulären Gebäudeversetzung die alte Villa Haux auf die andere Straßenseite verschoben, um der neuen Villa Platz zu machen.

Der Kupferhelm des Turms der Martinskirche ist das markante Wahrzeichen der Stadt.

Haux hatte sich diese prächtige Jugendstil-Villa bauen lassen. Sie ist in Privatbesitz.
Die Adressen der ehemaligen Jugendstil-Fabriken kann man bei der Ebinger Tourist-Info erfragen: Tel. +49 (0)7431 1601204

Martinskirche
An der evangelischen Martinskirche in Ebingen wurde eine Jugendstil-Fassade angebracht, die so außergewöhnlich ist, dass nur ihretwegen Besucher aus aller Welt nach Ebingen kommen. 1270 erstmals erwähnt, wurde aus einer frühgotischen Rundpfeilerbasilika im Jahre 1905 eine repräsentative Jugendstilkirche. Große Teile der alten Kirche waren baufällig und wurden abgerissen, erhalten blieben der Grabstein von 1413 des Ritters Heinrich von Ringelstein, genannt „Affenschmaltz", der spätgotische Chor von 1473 und der 1670 erneuerte Turm.
Martinstraße, 72458 Albstadt;
Öffnungszeiten: täglich 10–16 Uhr

Thomaskirche
Diese Kirche ist für Besucher ein wunderbarer Kontrast zur Martinskirche, denn sie ist eine Kirche des 20. Jahr-

hunderts. Die Thomaskirche war das Ergebnis eines Wunsches des Pfarrers Erne, für die Kirchengemeinde der Ebinger Oststadt eine eigene Kirche zu bauen. Am 11. August 1960 war Grundsteinlegung, und bereits am 24. September wurde die Thomaskirche nebst Gemeindezentrum eingeweiht. Erwähnenswert auch die Baukosten von lediglich 370.000 DM.
Die Kirche hat der Stuttgarter Architekt Prof. Paul Heim mit einer interessanten, für die gesamte Region einmalige Zeltdachkonstruktion aus Holz versehen. Ein 42 Meter hoher Glockenturm mit drei Glocken wurde daneben errichtet. Das Innere der Kirche wirkt sehr bescheiden. Hinter dem kleinen Altar befindet sich ein Bronzerelief aus dem Jahre 1960, auch die Orgel stammt aus diesem Jahr.
Friedrich-List-Straße 37, 72458 Albstadt-Ebingen
Eine Innenbesichtigung ist nicht möglich.

Ausflugstipps

Schloss Stauffenberg und die Musikhistorische Sammlung Jehle

Im Stadtteil Lautlingen liegt das eher bescheidene Schloss Stauffenberg, das etwas ganz Besonderes zu

Im Schloss zeigt eine Sammlung Familienfotos, Briefe und verschiedene Objekte der Familiengeschichte der Stauffenbergs.

Die Stauffenberg-Gedächtnis-Kapelle ist den im Krieg gefallenen Lautlingern gewidmet sowie den Brüdern Berthold Schenk Graf von Stauffenberg und Claus Schenk Graf von Stauffenberg.

bieten hat: die Musikhistorische Sammlung Jehle. Ein wunderbares Sammelsurium von Saiten-, Blas- und Tasteninstrumenten aus verschiedensten Epochen und Kulturen. Beispielsweise ein Cembalo aus dem ausklingenden 17. Jahrhundert, ein „Stein"-Hammerklavier aus dem Jahre 1783 sowie ein aufwendig gestalteter Schrankflügel aus dem 18. Jahrhundert. Ein Besuch dieser Sammlung ist ein Streifzug durch die Geschichte des Klavierbaus, ergänzt durch eine wertvolle Sammlung von Gesang- und Choralbüchern, Erstausgaben und Notenhandschriften sowie einer vollständig eingerichteten Geigenbauer-Werkstatt. Das Stauffenberg-Schloss ist zudem eine Gedenkstätte an den Widerstandskämpfer Claus Schenk Graf von Stauffenberg, der als Kind und Jugendlicher hier die Ferien verbrachte. Die Ausstellung dokumentiert sein Leben und seine Wandlung vom Nationalsozialisten zum erbitterten Gegner. Nicht nur der 20. Juli 1944 steht im Mittelpunkt, auch die Familiengeschichte der Stauffenbergs wird mit Familienfotos, Briefen und Gedichten dokumentiert. Im Schlosshof sind auf Schautafeln zusätzliche Informationen zu finden. Auch außerhalb der Öffnungszeiten ist ein Rundgang möglich, der nach Themen gegliedert ist, beispielsweise „Adelsherrschaft", „Baugeschichte des Schlosses" oder „Kirchengeschichte der Lautlinger Pfarrkirche".

72458 Albstadt-Lautlingen;
Öffnungszeiten: Mi, Sa, So, Feiertage: 14–17 Uhr und nach Vereinbarung, Tel. +49 (0)7431 763103

Premiumwanderwege Traufgänge

Albstadt ist ein hervorragender Ausgangspunkt für ein außergewöhnliches Wandererlebnis: die Traufgänge.

Blick vom Zeller Horn auf den Hohenzollern

Der Name „Albtrauf" bezeichnet den nordwestlich ausgerichteten Steilabfall der Schwäbischen Alb. Traufgänge sind hervorragend angelegte und ausgeschilderte Pfade entlang des Steilabfalls, die durch die einmalige Naturlandschaft der Schwäbischen Alb rund um Albstadt führen. Herrliche Wälder, zauberhafte Wacholderheiden, Hochflächen, wo man keinem anderen Menschen begegnet, dafür aber den seltenen unter Naturschutz stehenden Silberdisteln und Orchideen. Tiefe Schluchten und schwindelerregende Felsen, die über den Trauf hinausragen, sorgen für spannungsreiche Abwechslung. Höhepunkte eines Traufgangs sind die spektakulären Aussichten, die bei entsprechendem Wetter bis in den Schwarzwald und zu den Alpen reichen.

Eine nicht ganz einfache Wanderung, aber sehr lohnenswert, ist die einmalige Aussicht vom Trauf der Schwäbischen Alb, dem „Zeller Horn", auf die Burg Hohenzollern. Die Wanderung beginnt

Über Nacht

★★★ Hotel-Gasthof Zum Süßen Grund
Bitzer Berg 1
72458 Albstadt-Ebingen
Tel. + 49 (0)7431 1366-0
www.hotel-suessergrund.de

Hotel Restaurant Alt-Ebingen
Langwatte 51
72458 Albstadt-Ebingen
Tel. +49 (0)7431 93900
www.hotel-altebingen.de

in Albstadt-Onstmettingen am Parkplatz Stich an der L 360. Auf dem Weg zur Albhochfläche, gelangt man über abgestorbene Hochmoore und lichtdurchflutete Buchenwälder immer wieder zu fantastischen Aussichtspunkten auf das Vorland der Schwäbischen Alb. Nach dem Zeller Horn geht es mit großartigen Blicken in die tiefen Schluchten des Albtraufs, vorbei an Kohlemeilern zum Raichbergturm beim Nägelehaus und über das von vielen Schmetterlingen bevölkerte Flachmoor des Flüsschens Schmiecha wieder zurück.

Für Genießer

Traufganghütte Brunnental

Wer in der Traufganghütte Brunnental einkehrt, kann nichts falsch machen: Hier schmeckt der Gast die Schwäbische Alb im wahrsten Sinne des Wortes. Die Betreiber der Traufganghütte arbeiten ausschließlich mit Produkten aus der Umgebung und legen Wert auf kurze Transportwege sowie naturnahen Anbau. Alleine der Duft des immer frischen Holzofenbrots, bestrichen mit hausgemachtem Griebenschmalz, hausgemachte Maultaschen und der berühmte „Omas Rindfleischeintopf" lohnen eine Einkehr. Nicht zu vergessen die wunderbaren, je nach Saison belegten Blechkuchen.
Raiten 1, 72459 Albstadt-Laufen, Tel. +49 (0)7435 1500; www.traufganghuette-brunnental.de

Hier kann man sich schwäbische Köstlichkeiten und frisch gezapftes Bier schmecken lassen.

Adressen

1 • *Kräuterkasten*

2 • *Ebinger Heimatmuseum*

3 • *Galerie Albstadt*

4 • *Martinskirche*

5 • *Thomaskirche*

6 • *Schloss Stauffenberg*

7 • *Traufganghütte Brunnental*

Tourist-Information

Tourist-Info
Marktstraße 35
72458 Albstadt-Ebingen
Tel. +49 (0)7431 1601204
www.albstadt-tourismus.de

Burladingen Klettern, Wandern und Radfahren

Wie viele andere Städte und Gemeinden entlang der Hohenzollernstraße wurde auch Burladingen von einer wechselvollen Geschichte geprägt. Zuletzt kam es zu einer großen Veränderung durch die Gemeindereform im Jahre 1975 als neun Umlanddörfer eingemeindet und Burladingen am 1. Juli 1978 zur Stadt erhoben wurde. In Burladingen, 722 erstmals urkundlich erwähnt, haben die Römer und später die Alamannen ihre Spuren

Der Kornbühl ist Teil der Schwäbischen Alb.

hinterlassen, was zahlreiche Ausgrabungen beweisen. Dann, im 14. Jahrhundert, fiel das Gebiet wechselweise an die Hohenzollern und die Württemberger und ging 1473 endgültig in den Besitz der Grafschaft Zollern-Hechingen über (später das Fürstentum Hohenzollern-Hechingen). 1849 wurde es durch die Preußen dem Oberamt Hechingen zugeordnet. Burladingen hat sich mit vielen attraktiven, ganzjährigen Freizeitangeboten zu einem echten Touristenziel gemausert. Hallenbad mit Sauna, ein spektakulärer Hochseilgarten, Minigolf, Kutschfahrten, Führungen durch Burladingen mit einem Nachtwächter, beste Wander- und Radwege, Kino, Theater, Museen sind hier zu finden. Auch im Winter ist Burladingen einen Besuch wert. Als Wintersportort hat sich die Stadt einen guten Namen gemacht.

Sehenswertes

Dorfmuseum Melchingen

Das Dorfmuseum im Ortsteil Melchingen zeigt eindrucksvoll die Lebens- und Arbeitsweise des „einfachen Volks" auf der kargen Schwäbischen Alb um 1900. Auf dem „Boden" ist Flachsverarbeitung zu sehen, wie sie

früher in Melchingen gehandhabt wurde, im Webraum stehen ein Webstuhl, Spinnrad und andere Geräte für die Textilverarbeitung. Im Heuboden werden Wagen, Pflüge, Eggen, eine Schnitzbank sowie eine hölzerne Badewanne gezeigt.

Museumsgasse 1, 72393 Burladingen-Melchingen; Besuchszeiten nach Vereinbarung bei der Ortschaftsverwaltung Melchingen; Tel. +49 (0)7126 92230

Heimatmuseum Hausen

Die Besonderheit in diesem Museum ist eine über hundert Jahre alte im Original erhaltene Bauernküche sowie eine Bauernstube, Wohn- und Schlafzimmer, Kinderzimmer, Gesindezimmer und das Schulzimmer.
Schlichtestraße 9, 72393 Burladingen-Hausen
Tel. +49 (0)7475 7110; Besuchszeiten nach Vereinbarung

Puppenstubenmuseum und Ölgemälde

Aus dem Staunen kommt man nicht heraus, wenn man im Ortsteil Starzeln das Puppenstubenmuseum mit rund vierzig Puppenstuben zu sehen bekommt. Als Vorbild dienten überwiegend die von Louis XV. und Louis XVI. geprägten Epochen. Entstanden sind Miniaturen von luxuriösen Gemächern, vom Spiegelsaal im Schloss Versailles oder einer herrschaftlichen Küche mit offenem Kamin.
Ergänzt wird die Ausstellung von zahlreichen Ölgemälden verschiedenster Stilrichtungen, die von Hausherr Jean-Claude Grossœuvre persönlich stammen – ein Erlebnis für Groß und Klein.
Professor-Schelkle-Straße 15, 72393 Burladingen-Starzeln
Tel. +49 (0)7477 152390; Besuchstermine nach Vereinbarung

Deutsches Peitschenmuseum

Um ihren Lebensunterhalt bestreiten zu können, begannen die Bürger der Gemeinde Killer Anfang des 20. Jahrhundert sich der Herstellung von Peitschen zu widmen – es wurde eine echte Erfolgsgeschichte. Sage und schreibe 5.000 Peitschen wurden täglich von Hand angefertigt und in alle Welt verschickt, jede zweite Peitsche in Deutschland kam aus Killer. Erst in den 1970er Jahren machte die letzte Peitschenfabrik dicht. 1993 wurde im ehemaligen Bahnhof der Gemeinde Killer das Deutsche Peitschenmuseum eingerichtet. Zu sehen sind eine voll funktionstüchtige Werkstatt mit sämtlichen Maschinen und Gerätschaften zur Peitschenherstellung sowie Peitschen unterschiedlichster

Im Peitschenmuseum kann man erfahren, dass um 1700 selbst der Dorfschullehrer im Nebenerwerb Peitschen fertigte.

Art. Die Dauerausstellung „Peitschen aus aller Welt" wird immer wieder durch interessante Wechsel- und Sonderausstellungen ergänzt. Im Museum finden Besucher einen Shop und eine Cafeteria.
Am Peitschenmuseum 1, 72393 Burladingen-Killer
Tel. +49 (0)7001 9931993; Öffnungszeiten: Mai bis Okt.: jeden ersten Sonntag des Monats: 10–17 Uhr; Gruppenanmeldungen ganzjährig nach Vereinbarung möglich; www.peitschenmuseum.de

Salmendingen

Der Ortsteil Salmendingen liegt direkt an der Hohenzollernstraße. Hier bekommt man einen kleinen Einblick in religiöse Traditionen am Fuße der Schwäbischen Alb. In der Pfarrkirche St. Michael sind zwei Altargemälde des berühmten Kirchenmalers Franz Joseph Spiegler (1691–1757) zu bewundern. Etwas Anstieg muss man in Kauf nehmen, um die sehenswerte St.-Anna-Kapelle

Genuss-Tipp

Restaurant „Zum Kesselhaus"
Im Ambiente einer alten Textilfabrik den Tag zu Ende gehen lassen.
Ambrosius-Heim-Straße 22
72393 Burladingen
Tel. +49 (0)7475 451609
www.zum-kesselhaus.de

Zur St.-Anna-Kapelle führt ein Kreuzweg mit 14 Kreuzen hinauf.

aus dem frühen 16. Jahrhundert auf dem 886 Meter hohen Kalvarienberg Kornbühl zu erreichen.
Pfarrkirche St. Michael: Köbelestraße 24
72393 Burladingen-Salmendingen;
Öffnungszeiten nach Vereinbarung, Tel. +49 (0)7126 345;
St.-Anna-Kapelle: Kornbühl 1, Zugang in die Kapelle nicht möglich.

Ausflugstipp

Zu Mühlen und Wasserfällen – Wandern im Laucherttal

Urlauber können rund um Burladingen auf eine Vielzahl von Resten einstiger Burgen treffen, aber auch auf Mühlen und kleinere Wasserfälle. Zwei herausragende Beispiele sind die Walz- und Guggenmühle an der Lauchert. Beide waren einst Getreidemühlen, sind aber nicht mehr in Betrieb und befinden sich in Privatbesitz. Wandern wird hier im „Tal der Lauchert" nie langweilig. Diese Gegend ist voll gepackt mit Sehenswürdigkeiten einer seltenen Naturlandschaft, der südlichen Schwäbischen Alb. So bietet sich eine Wanderung (barrierefrei) in die Burladinger Stadtteile Stetten und Hörschwag im Oberen Laucherttal geradezu an, und zwar auf dem Themenwanderweg „Rund ums Lauchertwasser". Auf Schautafeln wird der Wanderer über die Tier- und Pflanzenwelt informiert, und er erfährt, welch bedeutende Rolle das Wasser für die Menschen der Gegend spielte.

Wunderbare kleine Wasserfälle sind im Laucherttal zu entdecken.

Die Ruine Hohenringingen stammt aus dem 11. Jahrhundert.

Der Kornbühl ist für Wintersportler ein Paradies.

Der Kalvarienberg Kornbühl – ein wunderbares Skigebiet

Das Ski- und Snowboardgebiet rund um den Kornbühl liegt mit seinem höchsten Punkt auf 884 Metern Höhe und rühmt sich einer Schneesicherheit von 90 Prozent zwischen Dezember und März. Den Wintersportlern stehen ein Groß- und ein Übungslift zur Verfügung, für die Kleinen ein gefahrloses Förderband. Ein kostenloser Shuttle-Service mit Motorschlitten bringt die Sportler und ihre Ausrüstung vom Parkplatz nach oben. Verschiedenste Loipen zwischen 12 und 15 Kilometern Länge sind für Langläufer und Skater bestens präpariert und führen durch die zauberhafte Winterlandschaft der Schwäbischen Alb.

Wandern auf dem Hohenzollerischen Jakobsweg

Viele Gäste der Hohenzollernstraße sind leidenschaftliche Wanderer, und viele von ihnen träumen davon, zumindest einmal auf einem der Jakobswege zu wandern. Einer der Jakobswege führt über vierzig Kilometer von Hechingen nach Veringenstadt. Der Hohenzollerische Jakobsweg ist in zwei zwanzig Kilometer lange Etappen aufgeteilt: von Hechingen nach Burladingen und von dort nach Veringenstadt.

Der Köbele ist mit 901 Metern der höchste Punkt der ganzen Gegend.

Wer in der Nähe von Burladingen übernachtet, sollte von hier aus die zweite Etappe des Jakobsweges nehmen. Zu dieser Wanderung gehört an erster Stelle eine gute Verpflegung. Merken sollte man sich die Metzgerei Dehmer, Hauptstraße 44, deren Geschichte bis in das Jahr 1875 zurückgeht. Täglich ab 8.15 Uhr gibt es warme Fleischküchle (Frikadellen), ab 8.45 Uhr ist der Fleischkäse knusprig gebacken, dann folgen heiß gegrillte Haxen, Schweinebraten und knusprige Hähnchenschenkel! Unverzichtbar ist die Dehmer-Pilgerwurst, eine milde Salami, etwa 10 Zentimeter lang und ca. 250 Gramm schwer – ideal, um sie in einem Rucksack zu verstauen.

Natürlich beginnt die Wanderung an einer Kirche, der katholischen Fideliskirche, die allerdings nichts mit dem Heiligen Jakobus zu tun hat. Rechts von der Bundesstraße 32 sieht man bereits die Georgskirche. Auf einem Radweg wandert man in Richtung Neufra, wo man links auf eine Höhe abbiegt und zur Hochbergkapelle aus dem Jahre 1762 kommt. Hier trifft man auf eindeutige Spuren des Jakobsweges und sieht am linken Seitenaltar ein Gemälde von Ambros Reiser aus dem Jahr der Einweihung 1762, auf dem Pilger in langen Gewändern vor einer Burg zu sehen sind. Normalerweise

Die Wanderwege locken viele Interessierte an.

ist diese Kapelle verschlossen, vielleicht hilft aber ein Gebet, dass zufällig jemand in ihr etwas zu tun hat. Weiter geht es im Tal der Fehla in Richtung Hermentingen, ein wunderbarer Weg durch ein Stück Natur, das man sich selbst überlassen hat. Danach kommt man ins Tal der Lauchert, die erste Rast mit einem Grillplatz und einer Forellenzucht, um dann nach Hermentingen zu kommen. Von hier gelangt man weiter nach Veringenstadt, passiert die Wallfahrtskirche St. Maria in Deutschstetten, die Felsenkirche St. Nikolaus und in Veringendorf die Kirche St. Michael, die älteste im näheren Umland, geht doch deren Geschichte bis ins Jahr 800 zurück. Wer noch nicht genug hat, kann über Jungnau einem alten Römerweg folgen, kommt am Nollhof vorbei und erreicht so Sigmaringen.

Theater Lindenhof

Fernab der Metropolen entwickelte sich Deutschlands einziges Regionaltheater, das Theater Lindenhof in Burladingen-Melchingen zu einem der beliebtesten Theater im Land. Die Anfänge dieses wagemutigen Experiments liegen mittlerweile 25 Jahre zurück. Hunderte und eine Geschichte sind bereits von und auf Schwabens höchster Bühne (736 m. ü. M.) erzählt worden, viele weitere werden folgen. www.theater-lindenhof.de

Adressen

1 • *Dorfmuseum Melchingen*
2 • *Rathaus*
3 • *Restaurant „Zum Kesselhaus"*
4 • *Deutsches Peitschenmuseum*
5 • *Heimatmuseum Hausen*

Tourist-Information

Stadtverwaltung Burladingen
Rathausplatz 6
72393 Burladingen
Tel. +49 (0)7475 8920
www.burladingen.de

Trochtelfingen
Ein Schmuckstück an Fachwerkstädtchen

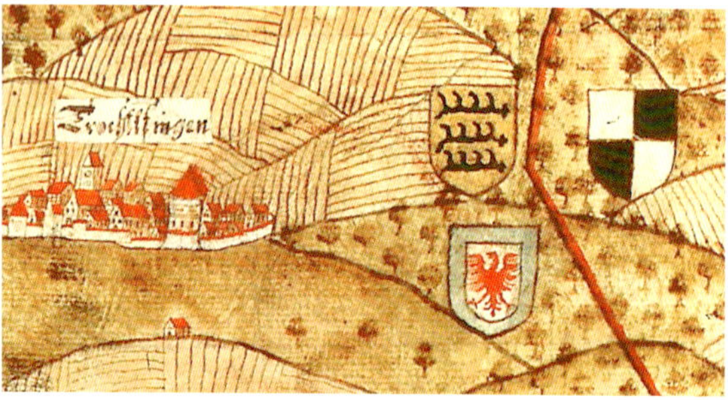

Trochtelfingen auf der Hohenzollern-Hechingischen Landkarte von Ulrich Stierlin von 1717

Schon der erste Eindruck von Trochtelfingen ist überraschend, denn es scheint, als hätte man hier die schwäbische Kehrwoche erfunden, so sauber ist alles. Dieses kleine Städtchen ist durch vielfältige Restaurierungsmaßnahmen ein echtes Schmuckstück geworden. Mit rund 3.500 Einwohnern ist die Kernstadt Trochtelfingen nach der Kreisreform 1975 die „Hauptstadt" von vier weiteren Umlandgemeinden.

Für Besucher der Hohenzollernstraße ist das Fachwerkstädtchen eine gute Gelegenheit, ein typisches Dorf der Schwäbischen Alb kennenzulernen. Einmal dadurch, dass noch viele Zeugnisse einer lebhaften Geschichte zu sehen sind, aber auch da Trochtelfingen über eine hervorragende, schwäbisch ausgerichtete Gastronomie verfügt.

Auch die Natur rund um Trochtelfingen ist typisch für die Schwäbische Alb, wobei zahlreiche Höhlen, Burgen, Türme und Ruinen einen besonderen Reiz bieten.

Die Geschichte des Städtchens reicht bis ins Mittelalter zurück. Noch heute erkennt man am Grundriss und an historischen Bauten mittelalterliche Strukturen.

Als Trochtelfingen erstmals im Jahre 1161 urkundlich

erwähnt wurde, hieß der Ort noch Truhdolvingin. Im Laufe der Jahrhunderte wechselten die Herrscher über Trochtelfingen immer und immer wieder. Von 1182 bis 1219 unterstand Trochtelfingen dem Pfalzgrafen Rudolf von Tübingen, nach ihm herrschten die Grafen von Gammertingen, ihnen folgten die Herren von Hohenberg. 1310 wurde Trochtelfingen württembergisch, durch eine Schenkung 1316 kam Graf Heinrich von Werdenberg-Trochtelfingen-Sigmaringen und 1534 die Fürsten von Fürstenberg. 1806 wurde Trochtelfingen den Hohenzollern zugeschlagen, bis Napoleon die Herrschaft Trochtelfingen an die Fürsten von Hohenzollern-Sigmaringen übertrug und danach unter preußische Verwaltung kam. Die Stadt wurde Sitz des hohenzollerischen Obervogteiamtes Trochtelfingen,1925 in den Landkreis Sigmaringen integriert und 1972 dem Landkreis Reutlingen zugeordnet. Im Zuge der Landkreisreform kamen der Weiler Haid, Hausen, Mägerkingen, Steinhilben und Wilsingen zu Trochtelfingen.

Pfalzgraf Rudolf I. von Tübingen

Über Nacht

Flair-Hotel „Rössle"
Marktstraße 48
72818 Trochtelfingen
Tel. +49 (0)7124 9250
www.hotel-restaurant-roessle.de

Landgasthof „Hirsch"
Kirchstraße 7
72818 Trochtelfingen-Mägerkingen
Tel. +49 (0)7124 2135
www.hirsch-maegerkingen.de

Sehenswertes

Rathaus und Rathausbrunnen

Das Rathaus von Trochtelfingen wurde 1938 nach einem Brand neu erbaut und bekam im Laufe der gelungenen Stadtsanierung in den 1990er Jahren noch einen Brunnen mit einem Felsbrocken

Der Rathausplatz in Trochtelfingen mit schönen Fachwerkhäusern

in der Mitte. Für Urlauber befindet sich in der Marktstraße 23 ein Info-Terminal.

Rathausplatz 9, 72818 Trochtelfingen

Tel. +49 (0)7124 480; www.trochtelfingen.de

Schloss Trochtelfingen

Kinder der Grundschule von Trochtelfingen haben das Privileg, in einem Schloss unterrichtet zu werden. Das spätmittelalterliche Trochtelfinger Schloss, dessen Baujahr auf Mitte des 15. Jahrhunderts geschätzt wird, wurde von den Grafen von Werdenberg erbaut, später von den Fürsten zu Fürstenberg bewohnt und von 1806 bis 1850 als Hohenzollerische Obervogtei genutzt. Bis 1861 war es preußisches Oberamt, wurde 1869 mangels Nachfrage

Genuss-Tipp

Albquell-Bräuhaus
Brauerei-Gasthof
Lindenplatz 6
72818 Trochtelfingen
Tel. +49 (0)7124 733
www.albquell-brauhaus.de

In dem Schloss werden heute Grundschüler unterrichtet.

von Interessenten von der Stadt erworben und vor dem Verfall gerettet. Seit dieser Zeit wird es als Schulgebäude genutzt, weshalb eine Besichtigung nicht möglich ist. Charakteristisch ist die gezackte Dachpartie. Am eckigen Turm neben dem Eingang findet sich das Wappen der Werdenberger. Die Geschichte des Schlosses ist auf einer Tafel am Gebäude nachzulesen.
Schloßplatz, 72818 Trochtelfingen

Hoher Turm

Der Hohe Turm, ein mittelalterlicher Beobachtungsturm, ist mit seinen jetzt noch 28 Metern und einem Umfang von 48 Metern ein beeindruckendes Zeugnis aus einer Zeit, als Stadtbefestigungen unverzichtbar waren.

Der Hohe Turm war Teil der Stadtbefestigung.

Im Innern der Pfarrkirche befinden sich wertvolle Fresken und Plastiken.

Zwischen Turm und Chor befindet sich ein halbkreisförmiges Gemälde, das den Heiligen Martin zeigt.

Pfarrkirche St. Martin

Wann die St.-Martin-Kirche tatsächlich erbaut wurde, ist nicht gewiss. Bekannt ist, dass zumindest der Turm nach 1320 gebaut wurde, der Bau des Langschiffes im Jahre 1451. Gesichert ist auch das Jahr 1501 als sie zur Stiftskirche geweiht wurde.

Die katholische Kirche St. Martin verfügt über ein bemerkenswertes Kreuzgewölbe, das mit einem Sternenhimmel und Fabelwesen bemalt ist. An der Wand befinden sich Fresken mit christlichen Darstellungen aus dem 15. Jahrhundert. Weiter gibt es hier eine Kreuzigungsgruppe, ein Gemälde des heiligen Martin und das Grabmal des Grafen von Werdenberg. In die Außenwand sind alte Grabplatten eingelassen. Teile des Außenbereichs dienten bis zum ausgehenden Mittelalter als Friedhof. Hier ist ein Denkmal zur Erinnerung an die im Deutsch-Französischen Krieg gefallenen Soldaten der Stadt zu sehen.

Rund um die Kirche erlauben die Gassen aus Kopfsteinpflaster mit wunderschönen alten Fachwerkhäusern großartige Fotoaufnahmen.
Pfarrgasse; Öffnungszeiten: täglich 9.30–17 Uhr; www.kath.kirche-in-trochtelfingen.de

Alb-Gold-Kundenzentrum
Vor den Toren Trochtelfingens können Besucher der Hohenzollernstraße die gläserne Produktion des Teigwarenherstellers „Alb-Gold" besuchen und die Produktion von schwäbischen Spätzle und anderen Nudelspezialitäten kennenlernen.
Alb-Gold Teigwaren GmbH, Im Grindel 1, 72818 Trochtelfingen, Gläserne Produktion; Tel. +49 (0)7124 9291155; Öffnungszeiten: Mo–Fr: 11.30 Uhr (nur nach Anmeldung)

Von Spätzle über Maultaschen bis zu Pasta-Klassiker ist hier alles erhältlich.

Heimatmuseum
Seit 2004 ist das Museum des Geschichts- und Heimatvereins Trochtelfingen neben dem Schloss Werdenberg, gegenüber vom Hohen Turm untergebracht. In drei Räumen wird die Geschichte der Stadt Trochtelfingen mit Schriftstücken, Fotos, Tafeln und Objekten, die regionalen Bezug haben, präsentiert. In regelmäßigen Abständen finden Sonderausstellungen statt.
Am Hohen Turm 5, Trochtelfingen, Info über Touristik-Info im Rathaus Trochtelfingen; Tel. +49 (0)7124 4821; Öffnungszeiten: jeden 2. und 4. Sonntag im Monat von 14–17 Uhr

Im Heimatmuseum wechseln Ausstellungen zu Themen des Geschichts- und Heimatvereins Trochtelfingen.

Kultur und Erlebnis

Martinimarkt im November

Der Martinimarkt findet alljährlich am Montag vor Martini statt. Es ist ein typischer Krämermarkt, auf dem es Bürsten, Kochlöffel, Kleidung, Schmuck, Taschen, und vieles andere mehr gibt. Es ist ein Vergnügen die herrlichen Roten Würste oder schwäbische Schupfnudeln zu verkosten.

Fastnachtsmontag

Der traditionelle Umzug des Narrenvereins „Schrei-Au", mit historischen Kostümen und Masken der Schwäbisch-Allemanischen Fasnet, ist ein vergnüglicher Höhepunkt im kulturellen Leben der Stadt. Die älteste schriftliche Erwähnung der Fasnet in Trochtelfingen stammt aus dem Jahr 1707.

Adressen

1 • *Rathaus*

2 • *Schloss Trochtelfingen*

3 • *Hoher Turm*

4 • *Pfarrkirche St. Martin*

5 • *Heimatmuseum*

6 • *Alb-Gold-Kundenzentrum*

Tourist-Information

Rathausplatz 9
72818 Trochtelfingen
Tel. +49 (0)7124 4820
www.trochtelfingen.de

Neufra
In der Ruhe liegt die Kraft der Natur

Etwa 1.850 Einwohner leben in der kleinen Gemeinde Neufra. Wer Ruhe und reine Erholung sucht, ist in Neufra genau richtig. Dies gilt auch für den Ortsteil Freudenweiler auf 839 Meter Höhe.
Es ist erstaunlich, dass selbst ein solch kleines Dorf immer wieder Opfer von weitreichenden Entscheidungen des Adels wurde, die den Einwohnern immer weniger Rechte einräumten. Ein Beispiel ist das Jahr 1599 als die Herren von Speth wieder die Herrschaft über Neufra übernahmen und 646 Bürger zu Leibeigenen machten.
1182 wurden erstmals die Herren von Lichtenstein in Neufra beschrieben, nach weiteren Verkäufen begann 1507 die Regentschaft derer von Speth. 1534 besetzte Ulrich von Württemberg die Herrschaft Gammertingen und führte in Neufra die Reformation ein, mit der sich die Bevölkerung nicht abfinden wollte. 1547 wurde Ulrich von der katholischen Mehrheit des Dorfes vertrieben und Neufra wieder katholisch. 1599 übernahmen wiederum die Speths die Macht über Neufra, 1805 kam das Ende derer von Speth mangels weiterer Nachfahren, und Neufra wurde Teil des katholisch geprägten Fürstentums Hohenzollern-Sigmaringen. Seit 1974 ist Neufra Teil des Landkreises Sigmaringen.

Genuss-Tipp

Landgasthaus „Krone“
Ebinger Straße 29
72419 Neufra-Freudenweiler
Tel. +49 (0)7574 1381

Gasthaus „Zum Rädle“
Urig rustikales Wirtshaus
mit schwäbischer Küche
Hohenzollernstraße 14
72419 Neufra
Tel. +49 (0)7574 932688

Gasthaus „Dorfkeller“
Kneipe im Kellergewölbe
Hohenzollernstraße 14
72419 Neufra
Tel. +49 (0)7574 3049

Herzog Ulrich von Württemberg

Sehenswertes

Nikolauskapelle

Die volkstümlich so bezeichnete Muttergotteskapelle liegt im Stadtteil Freudenweiler und wurde im Jahre 1591 durch den Reichsfreiherrn Schad von Mittelbiberach und seiner Frau Margarethe erbaut. Sie besitzt einen schön geschnitzten Flügelaltar im Stil des Manierismus. Der Altarschrein zeigt den Gnadenstuhl.
72419 Neufra-Freudenweiler
Besichtigung nach Anmeldung: Tel. +49 (0)7574 93000

Pfarrkirche St. Mauritius

Dieses Bauwerk hatte einen Vorgänger, den Albrecht von Speth um 1604 als Grablege erbauen ließ. Von 1860–1862 folgte ein neugotischer Neubau. Der Bau einer Kirche war nötig geworden, da die Vorgängerkirche zu klein geworden war und eigentlich als Grablege für

die von Speths gedacht war. Mitte des 19. Jahrhunderts zählte Neufra knapp 1.400 überwiegend katholische Einwohner. Die etwa 200 Schulkinder des Ortes füllten die Kirche fast schon alleine. Deshalb entschloss sich die Kirchengemeinde zu einem größeren Neubau, der 1862 im Stil der Neugotik fertiggestellt wurde.
Im Inneren der Kirche sind ein Sandsteinepitaph aus dem Jahre 1610 und die Grabmale Albrechts und seiner Frau Maria Anna von Riedheim zu sehen, die aus der Vorgängerkirche übernommen wurden. Das Altarblatt gilt als ein Meisterwerk der Neugotik.
Dorfstraße, 72419 Neufra, tagsüber geöffnet

Hochbergkapelle
Die Hochbergkapelle (1751) war einst eine Heiligkreuz-Wallfahrtskapelle mit Votivtafeln von Malern aus der näheren Umgebung.
Alte Steige 30, 72419 Neufra, nicht öffentlich zugänglich
Info: Tel. +49 (0)7574 93000

Ruinen Lichtenstein
Die Burgruinen liegen zwischen Neufra und Gauselfingen. Diese frei zugängliche Doppelburg, Vorderlichtenstein und Hinterlichtenstein, war Herrschaftssitz der Herren zu Lichtenstein. Man erkennt noch die Schildmauer und Teile des Turms. Die Burgruinen liegen zwischen Neufra und Gauselfingen auf der rechten Seite über dem Fehlatal.

Naturschutzgebiet Herdle
Hier findet der Wanderer eine für die Schwäbische Alb typische Wiesen- und Heckenlandschaft mit einer Vielfalt an Tieren und Pflanzen. Der Ortsteil Freudenweiler verfügt über eine großflächige Wacholderheide mit anschließendem Sukzessionswald, einem Wald, der vollständig der Natur überlassen ist. Im „Teufelstal" befinden sich an der Oberkante eines steilen Talhanges die Torfelsenhöhlen.

Adressen

1 • *Pfarrkirche St. Mauritius*

2 • *Hochbergkapelle*

3 • *Ruinen Lichtenstein*

4 • *Naturschutzgebiet Herdle*

5 • *Gasthaus „Dorfkeller"*

Tourist-Information

Gemeindeverwaltung Neufra
Im Oberdorf 41
72419 Neufra
Tel. +49 (0)7574 93000
www.neufra.de

Gammertingen Geschichte und tolle Wanderungen

Es ist immer wieder erstaunlich, wie alt die Siedlungsgebiete an der Hohenzollernstraße sind, so auch im Laucherttalstädtchen Gammertingen. Um die 3.000 Jahre Siedlungsgeschichte kann man hier dank spektakulärer Ausgrabungen zurückverfolgen. Der erste schriftliche Beleg stammt aus dem Jahre 1101, als die Grafen von Gammertingen regierten, denen auch das Schweizer Oberengadin gehörte. 1963 wurde der einstige Sitz der Grafen von Gammertingen, die Burg Baldenstein, freigelegt, und nochmals zwanzig Jahre später entdeckten Archäologen die bereits im späten 10. Jahrhundert angelegte Erbgrablege der Grafen von Gammertingen in der St. Michaelskirche.
Dem Gammertingener Geschlecht folgten die Grafen von Vehringen, welche die alte Niederburg zur Stadt ausbauten. Die Stadt erhielt das Recht zur Selbstverwaltung und ein eigenes Gericht, wodurch sich ein

Gammertingen in reizvoller Lage im Lauchertal

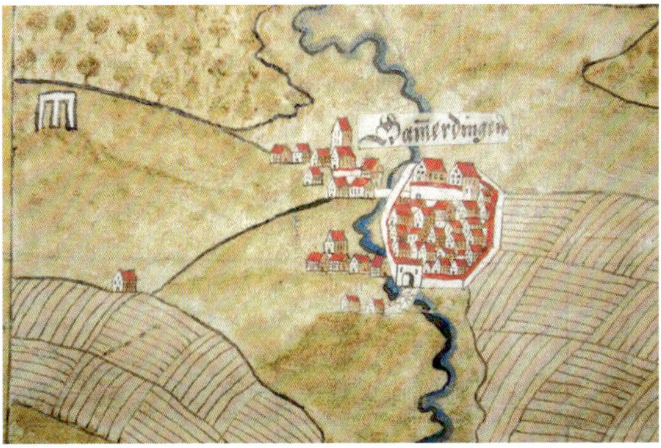

Ausschnitt aus der Hohenzollern-Hechingischen Landkarte aus dem Jahr 1717

gewisser Wohlstand entwickelte. 1524 ging die Stadt an Dietrich Speth von Zwiefalten, dessen Erben die Leibeigenschaften der freien Bauern förderten, was zu andauernden Auseinandersetzungen zwischen dem Volk und den Herrschaft führte. Die Speth waren es auch, die 1775 das Barockschloss an der Lauchert anlegen ließen.

Die Herrschaft Gammertingen blieb eine selbständige Reichsritterherrschaft bis 1806. Im selben Jahr wurde Gammertingen unter die Oberhoheit des Fürstentums Hohenzollern-Sigmaringen gestellt. 1827 verkauften die von Speth ihren kompletten Besitz an das Fürstenhaus Hohenzollern-Sigmaringen; Gammertingen wurde zunächst fürstlich-hohenzollerisches, 1950 schließlich preußisches Oberamt. Das Laucherttalstädtchen ist heute nördlichster Teil des Landkreises Sigmaringen.

Genuss-Tipp

Brauereigasthof zum Löwen
Feldhauser Straße 10
72501 Gammertingen
Tel. +49 (0)7574 91177
www.zum-loewen.com

Café Le Jardin
Hechinger Straße14
72501 Gammertingen
Tel. +49 (0)7574 936681
www.lejardin-cafe.de

Sehenswertes

Ruine der Burg Baldenstein

Ausgrabungen Mitte der 1960er Jahre ergaben, dass es sich um eine im 11. Jahrhundert erbaute und im 12. Jahrhundert ohne kriegerische Einwirkung aufgegebene hoch-

Durch archäologische Ausgrabungen konnten wichtige Erkenntnisse sogar zu der Ernährung der Burgbewohner gewonnen werden.

mittelalterliche Burg handelt. Wer die auf einem Felsvorsprung über dem Fehlatal gelegene Burg erbauen ließ und wer sie bewohnte, ist nicht bekannt. Es kann nur ein sehr wohlhabendes Adelsgeschlecht gewesen sein, das sich solch eine Burg leisten konnte. Vermutlich waren es die Grafen von Gammertingen, die zu den reichsten Familien im süddeutschen Raum gehörten. Bewiesen ist dies jedoch nicht. Die Burgruine Baldenstein findet man nach einer kleinen Wanderung im Fehlatal auf der Gemarkung „Altes Schloss" bei Gammertingen.

Die Kirche St. Leodegar ist ein Kulturdenkmal von besonderer Bedeutung.

Kirche St. Leodegar

Die katholische Pfarrkirche St. Leodegar aus dem 16. Jahrhundert ist ein Kulturdenkmal, das ebenfalls nach Plänen des französischen Architekten Pierre Michel d'Ixnard gebaut wurde. Er plante auch das Speth´sche Schloss. An Stelle der heutigen Pfarrkirche stand bereits im 14. Jahrhundert eine Kirche. Im Inneren befinden sich ein wunderbares Altarbild von Anton Reiser (1805), eine Pietà um 1500 (Darstellung Marias als „Mater Dolorosa"

mit dem Leichnam des vom Kreuz abgenommenen Jesus Christus) und einige Heiligenfiguren aus dem 18. Jahrhundert. Sehenswert sind auch die von dem Künstler Emil Wachter (1921–2012) bemalten Glasfenster. Wachter entfernte das alte Glas und ersetzte es durch neues, weitgehend abstrakt und bunt bemaltes.
Sigmaringer Straße 12, 72501 Gammertingen
Tel. +49 (0)7574 2274

Michaelskapelle

Diese mittelalterliche Adelskirche aus dem 11. Jahrhundert wurde inmitten des historischen Stadtkerns „Oser“ von Gammertingen errichtet. Der heutige Bau stammt aus dem Jahre 1595/98. Im Inneren sehenswert sind der Altar mit einer Darstellung des heiligen Michael (1674) von Hans Thomas Kutzberger, ein Chorbogenkruzifix (um 1530) und Glasfenster mit Engeldarstellungen (1984) von Hermann Geyer. Eine Besichtigung ist möglich nach Anmeldung im Pfarrbüro.
St. Michaelsweg, 72501 Gammertingen
Tel. +49 (0)7574 2274

Die Kapelle zeugt von den tiefen historischen Wurzeln der Stadt.

Über Nacht

★★★ Hotel- und Gästehaus „Kreuz"
Marktstraße 6
72501 Gammertingen
Tel. +49 (0)7574 93 290
www.hotel-kreuz-gammertingen.de

Kirche „Zum heiligen Josef"

Die Kirche im Ortsteil Bronnen wurde 1708 erbaut, die Ausstattung stammt noch aus der ersten Hälfte des 18. Jahrhunderts. Das Altarbild mit der Vermählung Mariens erschuf der Barockmaler Franz Joseph Spiegler (1691–1757).
Kirchstraße 26
72501 Gammertingen-Bronnen

Rathaus (ehem. Speth'sches Schloss)

Das heutige sehr repräsentative Rathaus wurde 1775 im klassizistischen Stil nach Plänen von Pierre Michel d'Ixnard als Schloss erbaut. Im Treppenhaus sollten Besucher unbedingt nach oben sehen, hier befindet sich das Deckenfresko „Die Morgenröte" von Andreas Brugger (1737–1812). Verschiedene Räume sind noch im Originalzustand aus der Entstehungszeit erhalten. Auf der Terrasse hin zur Lauchert und an der Ostseite des Gebäudes sind Figuren (um 1775) des Haigerlocher Künstlers Johann Georg Weckenmann, dem Hofbildhauer des Fürsten Joseph Friedrich von Hohenzollern-Sigmaringen, zu sehen. Dem Rathaus gegenüber steht das „Schlößle" (um 1550), ein

Im ehemaligen Speth'schen Schloss sind mehrere Räume noch immer im Zustand der Entstehungszeit.

Fachwerkbau, der früher zum Schloss gehörte und als Amtshaus genutzt wurde. Zwischen Schloss und „Schlößle" befand sich ehemals ein Stadttor.

Hohenzollernstraße 5, 72501 Gammertingen
Tel. +49 (0)7574 4060; Öffnungszeiten: Mo–Fr ganztägig

Deckenfresko im Treppenhaus des Rathauses: „Die Morgenröte" von Andreas Brugger (1737–1812)

Mariaberg – klösterliche Wurzeln über dem Laucherttal

Die Keimzelle der überregional tätigen Einrichtung für behinderte Menschen „Mariaberger e.V." bildet

Die barocke Klosterkirche und die Klostergebäude stehen unter Denkmalschutz.

Genuss-Tipp

Marktplatz Restaurant und Café Mariaberg
72501 Gammertingen
Burghaldenstraße 4
Tel. +49 (0)7574 923402

Der Teufelstorfelsen ist ein Jurafelsen mit torartigem Durchbruch.

die historische Klosteranlage über dem Laucherttal aus dem 13. Jahrhundert. Von einer Adelsfamilie gegründet, 1293 dem Abt von Zwiefalten unterstellt, wurde die Anlage im 30-jährigen Krieg nahezu zerstört. Ende des 17. Jahrhunderts haben namhafte Baumeister und Barockkünstler die Klosteranlage und die bemerkenswerte Klosterkirche neu aufgebaut. Dominierende Ausstattungsgegenstände des Kirchenraumes sind die prächtigen Altäre mit bedeutenden Gemälden und Figuren. Besonders sehenswert ist das Triumphkreuz über dem Chorbogen, das von dem Bildhauer und Kleinplastiker Christoph Daniel Schenck aus Konstanz (1633–1691) geschaffen wurde.
Klosterhof 1, 72501 Gammertingen
Tel. +49 (0)7124 9230;
www.mariaberg.de

Kultur und Erlebnis

Wochenmarkt

Jeden Mittwoch zwischen 8 und 12 Uhr bieten überwiegend Bauern aus der Umgebung auf dem kleinen und großen Schlossplatz am historischen Rathaus ihre Erzeugnisse an. Hier bekommt man einen Überblick, was rund um Gammertingen angebaut und erzeugt wird.

Ausflugstipp

Wandern zu herrlichen Aussichtspunkten

Gut ausgeschilderte Wanderwege führen zu den Aussichtspunkten Buchschörrle, Wendelstein, Teufeltorfelsen und zum Aussichtspavillon im Weihtäle.

Heutiger Blick in die Hohenzollernstraße

Krämermarkt im März, August und Oktober
Jeweils am 3. Donnerstag in diesen Monaten findet ein typischer Krämermarkt in der Gammertinger Markt- und Lindenstraße statt.

Open-Air-Jazz vor dem Schloss im Juli
Unter freiem Himmel findet jedes Jahr am ersten Samstag der Sommerferien auf dem Schlossplatz vor dem historischen Rathaus ein großes kulturelles Ereignis statt. Hervorragende regionale Bands huldigen auf höchstem Niveau dem Jazz, aber auch dem Swing bei freiem Eintritt.

Auf dem Keltischen Baumhoroskop-Pfad verraten Bäume den Besuchern typische Charaktereigenschaften.

Historische Ansicht der Hohenzollernstraße

In der Freizeitanlage an der Lauchert kann am Strand, dem Grillplatz oder auf dem Barfußpfad entspannt werden.

Die Wassertherapie nach Sebastian Kneipp regt den Kreislauf sowie die Durchblutung an und ist auch in der Freizeitanlage zu finden.

Adressen

1 • *Rathaus*

2 • *Michaelskapelle*

3 • *Kirche St. Leodegar*

4 • *Ruine Burg Baldenstein*

5 • *Mariaberg*

Tourist-Information

Hohenzollernstraße 5
72501 Gammertingen
Tel. +49 (0)7574 4060
www.gammertingen.de

Hettingen
Keine 2.000 Einwohner, aber eine Stadt

Hettingen ist Baden-Württembergs zweitkleinste Stadt. Mit nicht einmal 2.000 Bürgern muss etwas Besonderes passiert sein, dass ein Dorf Stadtrechte erhielt. Angefangen hat alles wohl im Jahre 1135, als Hettingen erstmals als „Hatingin" urkundlich erwähnt wurde. Vermutlich 1267 bauten die Grafen von Veringen eine Burg unterhalb der „Stadt". 1524 erwarben die Herren von Speth die Stadt und ließen 1720 das Schloss Hettingen bauen. 1827 kauften die Grafen von Hohenzollern-Sigmaringen Hettingen den Speths ab.
Im Stadtteil Inneringen wechselten die Besitzer noch regelmäßiger. Erst waren es die Herren von Schiltau, dann die Herren von Hohenfels-Jungingen, denen die Herren von Reischach und die Herren von Werdenberg folgten, bis Graf Friederich der Ältere von Fürstenberg 1806 die Herrschaft für das Haus Hohenzollern-Sigmaringen auf der Grundlage der Rheinbundakte übernahm. 1850 kam Inneringen ebenfalls zum Haus Hohenzollern. Am 1. Januar 1975 wurden Inneringen und Hettingen durch einen Bürgerentscheid zusammengeschlossen.

Hettingen um 1717

Sehenswertes

Schloss Hettingen

Die Stadt Hettingen kaufte 1978 das Schloss vom Fürstenhaus Hohenzollern-Sigmaringen und wurde nach dreijähriger Renovierung und

Das Schloss Hettingen liegt auf einem Felsrücken östlich der Stadt.

Sanierung von 1991 bis 1994 zum Rathaus der Stadt Hettingen umgebaut. Während der Renovierung wurden Malereien freigelegt, Stuckdecken erneuert und die alte Eichenholztreppe aufwendig restauriert. Seit 2004 finden in der ehemaligen Kapelle des Schlosses Dauerausstellungen der Keramik-Künstlerin Sybille Ritter statt, seit Januar 2013 gibt es die Dauerausstellung „Zeitgenössische Keramik". Zur Schlossanlage gehört auch die Zehntscheuer, in der sich das Fastnachtsmuseum „Narrenburg" befindet.

72513 Hettingen
Tel. +49 (0)7574 93100;
Öffnungszeiten: Mo–Fr: 8–12 Uhr, Di: 14–17 Uhr, Do: 14–18 Uhr

Genuss-Tipp

Gasthof Adler
Sigmaringer Straße 2
72513 Hettingen-Inneringen
Tel. +49 (0)7577 546
www.adler-inneringen.de

Auf zwei Etagen erfahren die Besucher viel Wissenswertes über Fastnachtsbräuche.

Nicht nur Masken und Kostüme findet man im Museum.

Fastnachtsmuseum „Narrenburg"

Direkt neben dem Schloss (Rathaus) befindet sich das Fastnachtsmuseum. Die Narrenburg ist ein neu konzipiertes Fastnachtsmuseum für europäische Fastnachtsbräuche, das auf etwa 400 qm Ausstellungsfläche Fastnacht, Fasching und Karneval beleuchtet. Es werden Hintergründe erklärt und kulturelle Zusammenhänge vermittelt. Besonders interessant ist die Ausstellung über die Fastnacht in der Region Alb-Lauchert mit zahlreichen historischen und aktuellen Kostümen und Masken von „Hästrägern" entlang der Hohenzollernstraße.

Am Schloss, 72513 Hettingen; Öffnungszeiten: So und Feiertag: 13.30–17 Uhr; www.fastnachtsmuseum-narrenburg.de

Katholische Pfarrkirche St. Martin

Die Hettinger Pfarrkirche wurde als Kollegiatskirche im spätgotischen Stil errichtet und 1499 eingeweiht. Die Kirche ist ein wahres Schmuckstück: Chor und Kapelle sind mit herrlichen Netzgewölben gedeckt, der Chor mit Blumenornamenten verziert und mit

einem 8,5 Meter hohen filigranen Sakramentshaus aus Sandstein ausgestattet. Gekrönt wird er von einer Madonnenfigur. Es lohnt sich, bei der Besichtigung auf die vielen wunderschönen Details zu achten.
Hauptstraße, 72513 Hettingen
tagsüber geöffnet

Über Nacht

Gasthaus Krone
Hauptstraße 61
72513 Hettingen
Tel. +49 (0)7574 9364376

Sebastianskapelle
Diese kleine, schmucke Kapelle wurde 1612 auf einem Hügel vor dem Hettinger Nordtor erbaut. Die Kapelle liegt idyllisch am nordöstlichen Ende des heutigen Friedhofs. Die Wand- und Deckenmalereien stammen von 1668 und vom Ende des 18. Jahrhunderts. Das älteste und wertvollste Gemälde ist „Die Muttergottes auf der Mondsichel" aus dem Jahre 1490.
Am Nordtor, 72513 Hettingen, tagsüber geöffnet

Pfarrkirche St. Martin
Die Pfarrkirche St. Martin ist ein spätgotischer Kirchenbau von 1861. Der Chor und die Taufkapelle wurden 1499 erbaut und 1959 erweitert. Der Vorhallenturm bekam 1700 einen Barockaufsatz, das Kuppeldach erhielt ebenfalls um 1700 eine typische Zwiebelhaube. Im Inneren der Kirche sieht der Besucher zum Teil verspielte Netzgewölbe über Chor und Kapelle, weiterhin ein zierliches Wandtabernakel in Turmform mit einem Bild, das den Stammbaum Christi zeigt. Zudem beherbergt die Kirche drei Grabdenkmäler (1585) der Herren von Speth, einen Taufstein (1614) sowie ein Altarbild aus dem Jahre 1715. Die Wand- und

Zur Weihnachtszeit wird in der Kirche eine barocke Krippe mit Wachsfiguren aufgestellt.

Mittelpunkt des Dorfplatzes von Inneringen ist der Narrenbrunnen.

Deckenmalereien aus dem frühen 16. Jahrhundert zeigen überwiegend Blumenmalereien in den Kappen des Gewölbes sowie Apostelkreuze, Spruchbänder, den heiligen Martin mit Bettler- und Stifterfiguren. Im Kircheninneren befindet sich auch noch eine Kreuzigungsgruppe aus dem 15. Jahrhundert. Die Kreuzkapelle aus dem 15. Jahrhundert wurde im 18. Jahrhundert neugotisch verändert.

Römerstraße 4, 72513 Hettingen; Öffnungszeiten: Die Kirche ist tagsüber verschlossen; Besichtigungstermine kann man erfragen: Tel. +49 (0)7574 93100

Dreifaltigkeitskapelle Inneringen

Auf einem kleinen Hügel im Stadtteil Inneringen steht die barocke kreisrunde Dreifaltigkeitskapelle, auch Bergkapelle genannt, die aus einem römischen Wachturm entstanden sein soll. Sie wurde ca. 1520 errichtet, um 1755 erstmals und 1992 nochmals renoviert. Vor der Kapelle wurde ein schöner Rosengarten angelegt.

Die Kapelle ist von Inneringen aus in kaum 15 Minuten auf ausgeschilderten Wegen zu erreichen. Besichtigen kann man die Kapelle nicht.

An klaren Tagen reicht die Sicht des Inneringener Wasserturms bis zu den Alpen und dem Mont Blanc.

Ausflugstipp

Wintersportanlagen

Direkt hinter dem Hettinger Schloss befindet sich ein Skihang. Ein Schlepplift bringt die Wintersportler zum Start einer mit Flutlicht beleuchteten Piste. Beim Skilift gibt es auch einen Rodelhang.

www.ski-hettingen.de

Adressen

1 • *Schloss Hettingen*

2 • *Fastnachtsmuseum „Narrenburg"*

3 • *Gasthof Adler*

Tourist-Information

Stadtverwaltung Hettingen
Schloss
72513 Hettingen
Tel.: +49 (0)7574 93100
www.hettingen.de

Veringenstadt Stadt mit tausendjähriger Kirche

Veringenstadt mit etwa 2.300 Einwohnern liegt im „Tal der Lauchert" und ist eine historische Stadt mit zahlreichen Sehenswürdigkeiten. Interessant ist Veringenstadt auch dadurch, dass praktisch seit dem Mittelalter Brauchtum, Tradition und Charakter vorbildlich gepflegt und erhalten werden.
Rund um Veringenstadt können alle Siedlungsepochen von der Altsteinzeit bis zur Bronze- und Römerzeit nachgewiesen werden. Im 11. Jahrhundert, also im Hochmittelalter, diente der leicht zu verteidigende Umlaufberg mit der Burg über fünf Generationen hinweg als Herrschaftssitz der Grafen von Veringen. Erst 1250 gründeten sie Veringen. Rudolf von Habsburg verlieh der Stadt 1285 das Marktrecht und kaufte kurz darauf die Grafschaft für die Habsburger. Veringenstadt war demnach von 1291 bis 1806 österreichisch. Zwischenzeitlich wurde die Grafschaft Veringen immer wieder verpfändet, im Jahre 1534 an Graf Karl von Hohenzollern. Heute gehört Veringenstadt zum Landkreis Sigmaringen.
Ein Stadtrundgang ist allein wegen eines bestens erhaltenen mittelalterlichen Kerns mit tollen Fachwerkhäusern, einer Burgruine und sakralen Bauwerken überaus lohnenswert. Was Veringenstadt als historische Stadt hervorhebt ist die Tatsache, dass sie über das älteste Rathaus und die älteste Kirche Hohenzollerns verfügt.

Genuss-Tipp

Lauchertstüble
Im Städtle 117
72519 Veringenstadt
Tel. +49 (0)7577 933493
www.lauchertstueble.de

Gasthaus Burgblick
An der Reute 2
72519 Veringenstadt
Tel. +49 (0)7577 7070

Sehenswertes

Rathaus

Das Rathaus von 1415 ist heute noch Sitz der Stadtverwaltung und das älteste Hohenzollerns. Alle vier Etagen sind von spätgotischen Holzsäulen durchzogen, die bei der Grundsanierung des Gebäudes im Jahr 2000 sichtbar gemacht wurden. In das Rathaus ist auch das Heimatmuseum integriert. Vor dem Rathaus befindet sich ein Brunnen, er ist den bedeutenden aus Veringenstadt stammenden Künstlern Jakob und Hans Strüb (Meister von Sigmaringen) gewidmet, die im 15. Jahrhundert lebten. Von ihnen stammen unter anderem die Fresken in der vollständig erhaltenen Burgkapelle St. Peter.

Im Städtle 116, 72519 Veringenstadt; Öffnungszeiten: Mo, Di, Mi, Fr: 8–12 Uhr, Do: 8–12 und 14–18 Uhr

Früher war im alemannischen Fachwerkhaus eine offene Markthalle.

Heimatmuseum im Rathaus

Im Rathaus befindet sich im Obergeschoss das Heimatmuseum von Veringenstadt. Neben prähistorischen Funden und anderen Exponaten ist auch das „Hexen-Hemd" der letzten Hexenverbrennung in Veringen-

Das Museum beherbergt unter anderem Protokolle des letzten Hexenprozesses.

Dieses Hexenhemd trug Anna Bader als Opfer der letzten Hexenverbrennung.

stadt zu sehen, das Anna Kramerin, genannt Bader-Ann, eine Kräuterfrau, bei ihrer Verurteilung 1680 tragen musste.
Besichtigung nur nach Anmeldung:
Tel. +49 (0)7577 3363
(Stadtführer Manfred Saible)

Strübhaus

Das Strübhaus, um 1500 erbaut, ist heute ein Museum mittelalterlicher Malkunst. Nach gründlicher Sanierung des Gebäudes wurde 1982 im Wohnhaus der Künstlerfamilie Strüb (Hans, Jakob und Peter Strüb d. J.) ein Museum eröffnet. Im Untergeschoss wird das malerische Werk der Künstlerfamilie anhand zahlreicher Fotos dokumentiert. Im Obergeschoss ist der ehemalige Wohnbereich der Familie Strüb mit Küche und Stube zu besichtigen.
Die Malerfamilie Strüb, Künstlerlegenden der Renaissance, ist von vielen Geheimnissen umgeben. Nicht immer war der Schöpfer eines Gemäldes eindeutig dem jeweiligen Familienmitglied zuzuordnen. Doch am geheimnisvollsten war ein gemalter Altar vom Anfang des 16. Jahrhunderts, von dem nicht bekannt war, wer der Maler war. Deshalb bekam der Künstler einen „Notnamen“: Meister von Sigmaringen. Dieser Altar mit Szenen aus dem Marienleben ist in der Sammlung des Hohenzollern-Museums zu Sigmaringen zu sehen. Heute weiß man, dass der Altar von den vier Malern Peter Strüb dem Älteren und dessen Söhnen Jakob, Hans und Peter der Jüngere gemeinsam gemalt wurde. Die Strübs wohnten von 1360 bzw. 1417 bis 1540 in Veringenstadt am Fuße des Kirchbergs. Ihre Werke im Original sind in Kirchen und Klöstern der näheren Umgebung sowie unter anderem in Museen von Sigmaringen, Schwäbisch-Hall, Stuttgart, Mannheim, Kassel, Berlin, Lugano, Paris, Amsterdam, Rom, London und Wien zu sehen. Im Strübhaus selbst geben Fotografien

einen umfassenden Einblick in das künstlerische Schaffen der Familie Strüb.
Kirchberg 138, 72519 Veringenstadt;
Besichtigung nach Anmeldung:
Tel. +49 (0)7577 3363
(Stadtführer Manfred Saible)

Das Strübhaus: im Obergeschoss ehemaliger Wohnbereich der Künstlerfamilie Strüb, im Untergeschoss Ausstellung ihrer Werke

Uferpfad „Lebendige Lauchert"
Mit interessanten Informationstafeln zur Lauchert und zu Flora und Fauna werden dem Besucher an sieben Stellen die „landschaftsökologischen Zielsetzungen für eine Flusslandschaft" vermittelt. Darunter auch ausführliche Beschreibungen der ehemaligen Mühlen entlang der Lauchert.

Burgruine Veringen
Die ohne Einschränkungen begehbare Ruine der Burg Veringen, die vermutlich zwischen 1100 und 1130 erbaut wurde, liegt auf dem „Burgberg", einem Hügel hinter der Pfarrkirche. Sie wurde 1633 durch die Schweden zerstört. Erhalten sind noch Reste vom Außen- und Innenturm.

Wallfahrtskirche Maria Deutstetten
Kirche, aber auch Friedhofskapelle, das ist die Wallfahrtskirche Maria Deutstetten, deren Innenausstattung aus dem 18. Jahrhundert stammt.
Deutstetter Straße, 72519 Veringenstadt

Kirche St. Nikolaus
Die Kirche St. Nikolaus setzt sich aus Bauteilen verschiedener Jahrhunderte zusammen. Die Sakramentsnische aus Sandstein stammt aus dem 15. Jahrhundert, der Turm aus dem 13. Jahrhundert, das Schiff aus dem Jahr 1862. Weiterhin sind gotische sowie barocke Schnitzwerke im Inneren zu sehen.
Kirchberg 133, 72519 Veringenstadt, nicht immer zugänglich

Kirche St. Gallus

Aus dem 14. Jahrhundert stammt die Kirche St. Gallus im Ortsteil Hermentingen, die im 17. Jahrhundert umgebaut wurde. Schöne Wandfresken aus dem 15. Jahrhundert und der bäuerliche Altar mit Knorpelschnitzereien lohnen den Besuch.

Ortsstraße 20, 72519 Veringenstadt-Hermentingen
nicht immer zugänglich

Kirche St. Michael

Die älteste Kirche Hohenzollerns (um 1000) befindet sich im Ortsteil Veringendorf. Einst eine dreischiffige romanische Basilika, stammen aus dieser Epoche noch Chor und die romanische Doppelturmanlage. Sehenswert sind die Fresken im Chor (um 1320). 1400 wurde die Kirche erweitert, das Schiff kam 1732 dazu.

Kirchgasse 15, 72519 Veringenstadt-Veringendorf
tagsüber geöffnet

Für Genießer

Historische Stadtführung mit schwäbischen Spezialitäten

Zu einem Stadtspaziergang der besonderen Art lädt Stadtführer Manfred Saible ein. Im historischen Gewand eines Gelehrten zeigt er seinen Gästen Veringenstadt aus den Augen der damaligen Zeit.

Als Teil der Führung erkundet man die Burgruine Veringenstadt. Weiter geht es zu den Nandi-Höhlen, die auf den Zeitraum 100.000 – 60.000 v. Chr. datiert werden und das Leben der Neandertaler dokumentieren.

Auch das Heimatmuseum im Rathaus und das Strübhaus werden besucht. Die Stadtwanderung dauert ca. 3 Stunden. Ausklingen tut sie im Lauchertstüble, wo ein typisch schwäbisches Schlemmerbüffet mit Produkten aus der Region auf den Gast wartet.

Anmeldung zur historischen Stadtwanderung
im Lauchertstüble oder telefonisch bei Manfred Saible:
+49 (0)7577 3363.

Adressen

1 • *Rathaus*

2 • *Strübhaus*

3 • *Kirche St. Nikolaus*

4 • *Kirche St. Gallus*

5 • *Lauchertstüble*

6 • *Kirche St. Michael*

Tourist-Information

Stadtverwaltung
Im Städtle 116
72519 Veringenstadt
Tel. +49 (0)7577 9300
www.veringenstadt.de

Sigmaringendorf Naturlandschaft an Donau und Lauchert

Eine Eisenschmelze war der Grund, dass 1708 der Sigmaringendorfer Ortsteil Laucherthal gegründet wurde. Im Laufe der Zeit vergrößerte sich diese Ansiedlung und wuchs durch die Bebauung aus beiden Richtungen mit dem Ort Sigmaringendorf zusammen.
Die erste bekannte urkundliche Erwähnung von Sigmaringendorf datiert aus dem Jahre 1249. Beim Blick in die Siedlungs- und Entstehungsgeschichte stellt man schnell fest, dass der Ort aber viel älter ist. Hier führte eine Römerstraße durch, man entdeckte römische Siedlungsreste und einen Alemannenfriedhof, alles Beweise für eine frühe Besiedelung. Es gibt auch Hinweise auf eine keltische Besiedlung bevor am Ende des 3. Jahrhunderts die Alemannen kamen. Dass der alemannische Sippenälteste „Sigemar" hieß, dürfte den heutigen Ortsnamen erklären.
Sigmaringendorf mit seinem Ortsteil Laucherthal ist Wohn- und Industriegemeinde und in schöner Naturlandschaft am Zusammenfluss von Donau und Lauchert gelegen. Laucherthal steht seit 1708 unter dem Einfluß der Metallverarbeitungsindustrie, da die Fürstlich Hohenzollernschen Hüttenwerke (heute Zollern GmbH und Co. KG) hier ihren Stammsitz hatten.
Mit einer 300-jährigen Geschichte ist es das älteste noch existierende Familienunternehmen Baden-Württembergs. Weitere metallverarbeitende Betriebe sind entstanden.

Friedrich Wilhelm Fürst von Hohenzollern war seit 1965 Oberhaupt des Hauses Hohenzollern-Sigmaringen.

Das Schlösschen Ratzenhofen befindet sich im Ortszentrum Sigmaringendorfes.

Sehenswertes

Schlössle Ratzenhofen

1576 wurde das Dorf von den Grafen von Hohenzollern und späteren Fürsten übernommen. Das sogenannte „Schlössle" dürfte der Rest einer Siedlung links der Lauchert sein. Es ist bis heute erhalten und wird als Schulgebäude genutzt.

Schlössleweg 6
72517 Sigmaringendorf

Der Turm der Pfarrkirche ist gotisch, das Schiff stammt aus dem Jahr 1611.

Pfarrkirche und Bruckkapelle

Bereits im Jahre 1317 wurde die Pfarrkirche Sigmaringendorf zu Ehren der Heiligen Petrus und Paulus geweiht. Ihr heutiges Aussehen ist auf einen Umbau im Jahre 1852 zurückzuführen. Interessant ist auch die an der Donaubrücke gelegene „Bruckkapelle" (vermutlich aus dem 17. Jahrhundert), in der evangelische Gottesdienste stattfinden.

Kirche St. Peter und Paul: Hauptstraße 13, 72517 Sigmaringendorf; www.pfarrgemeinde.eu.ki
Bruckkapelle: Friedhofstraße 2
72517 Sigmaringendorf

Genuss-Tipp

Gasthaus Rosengarten
Hauptstraße 17
72517 Sigmaringendorf
Tel. + 49 (0)7571 13743

1886 wurde dieses Rathaus gebaut, da das alte den modernen Anforderungen nicht mehr gewachsen war.

Was man sehen sollte

Sehenswert sind Rathaus und das im Fachwerkstil erbaute Feuerwehrhaus. In Laucherthal steht noch ein altes Hochofengebäude auf dem Gelände der Fürstlich Hohenzollernschen Werke, zu sehen gibt es außerdem das Schulhaus mit Platz und Brunnen und die St.-Meinrads-Kirche, die im Jahre 1958 von der katholischen Kirchengemeinde mit Unterstützung des Fürstenhauses Sigmaringen erbaut wurde.

Kultur und Erlebnis

Naturtheater „Waldbühne" von Juni bis September

Einen schönen Abend kann man im Sommer im Naturtheater „Waldbühne" verbringen. 1928 erbaut, zählt es zu den ältesten, schönsten und stimmungsvollsten Naturbühnen Süddeutschlands. Die Spielsaison beginnt im Juni und endet im September. Aufgeführt werden unter anderem William Shakespeares „Romeo und Julia" und Rudyard Kiplings „Das Dschungelbuch".

Ortsausgang Richtung Mengen-Rulfingen; www.waldbuehne.de

Im Naturtheater „Waldbühne" spielt eine Amateurtheatergruppe mit 150 Mitgliedern.

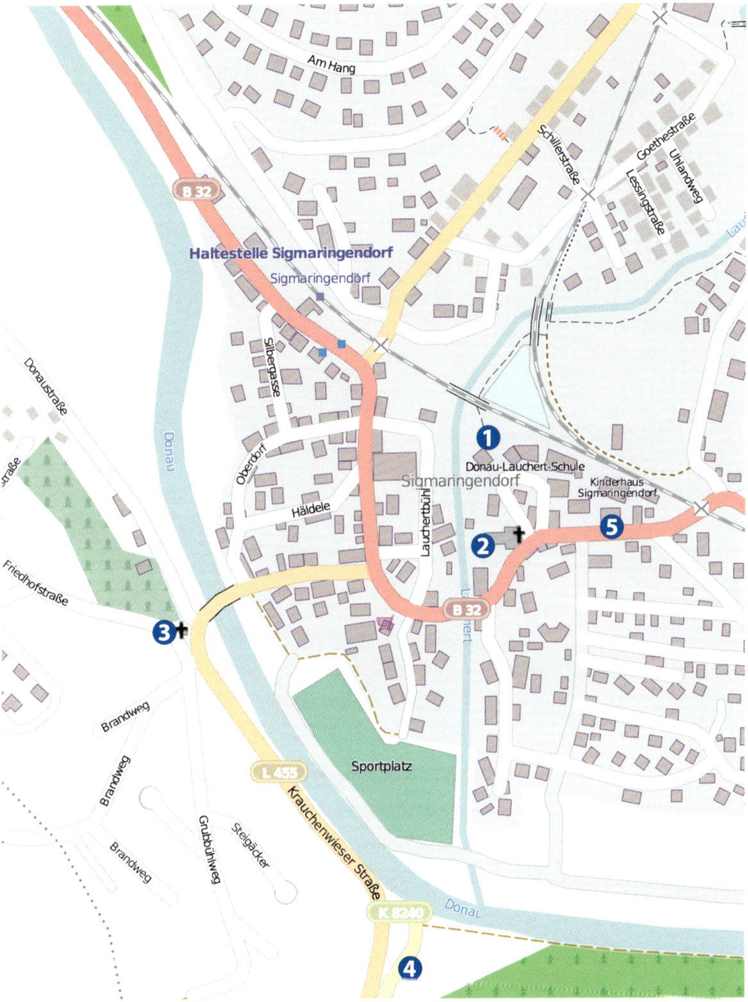

Adressen

1 • *Schlössle Ratzenhofen*

2 • *Kirche St. Peter und Paul*

3 • *Bruckkapelle*

4 • *Naturtheater „Waldbühne"*

5 • *Gasthaus Rosengarten*

Tourist-Information

Bürgermeisteramt
Sigmaringendorf-Laucherthal
Hauptstraße 9
72517 Sigmaringendorf
Tel. +49 (0)7571 73050
www.sigmaringendorf.de

Sigmaringen
Junge Donau und alter Adel

Schloss Sigmaringen mit Stadt und Mühlenvorstadt in Öl auf Leinwand

Die Hohenzollernstraße erreicht in Sigmaringen einen weiteren Höhepunkt. Man sollte mindestens zwei Tage Aufenthalt einplanen, um Sigmaringen und den Naturpark Obere Donau zu entdecken.
Sigmaringen wird vom Schloss der Hohenzollern dominiert, aber auch zu dessen Füßen erwarten den Besucher eine Vielzahl von Sehenswürdigkeiten. Sigmaringen ist im Prinzip ein begehbares Freilichtmuseum unterschiedlichster Epochen, die man im Rahmen einer Stadtführung kennenlernen kann. Die Gefahr, Interessantes zu übersehen, ist viel zu groß.
Sigmaringens Gastronomie ist so vielfältig wie die Stadt selbst. Zahlreiche Cafés und Restaurants mit schwäbischen und internationalen Spezialitäten laden zum Verweilen und Genießen ein. Zudem finden während der wärmeren Jahreszeit unzählige Feste und Hocketen statt, die das gastronomische Angebot

Sigmaringens mit großem Unterhaltungswert ergänzen.
Was Sigmaringen zu etwas ganz Besonderem macht, ist die Umgebung, liegt die Stadt doch inmitten des Naturparks Obere Donau, die wie geschaffen ist für Wanderer, Radfahrer und Paddler.
Um Sigmaringen zu verstehen, ist ein Blick in die Geschichte der Stadt unerlässlich, die bis in die Altsteinzeit zurückführt. Besiedelt war zu dieser Zeit unter anderem der heutige Stadtteil Laiz, wo Urnenfelder von 1000 bis 500 v. Chr. entdeckt wurden. Dann folgte die Hallstattzeit, aus der man in Laiz keltische Grabhügel nachweisen konnte. Um ca. 50 bis 80 n. Chr. war die Donau Grenze des Römischen Reiches, zahlreiche Zeugnisse aus dieser Zeit wurden ebenfalls in Laiz ausgegraben.
Sigmaringen selbst wurde vermutlich im 6. Jahrhundert n. Chr. vom Alemannenritter Sigmar gegründet. Zum Ende des Frühmittelalters, im 11. Jahrhundert, entstand die erste Burganlage auf einem Felsen. Die offizielle Stadtgründung erfolgte 1250. Graf Ulrich III. von Württemberg kaufte 1325 die Stadt. Unter den Württembergern wurde die Burg zu einem Schloss umgebaut.
1535 kam Sigmaringen unter die Herrschaft der Hohenzollern, 1539 brannte das Schloss nieder. 1540 kam Sigmaringen endgültig an das Haus Hohenzollern, Graf Karl I. von Hohenzollern wurde der neue Schlossherr und Sigmaringen Sitz einer zollernschen Linie.

Hoheitszeichen der Hohenzollernschen Lande

Karl Anton von Hohenzollern war bis 1849 letzter Fürst von Hohenzollern-Sigmaringen.

Amalie Zephyrine von Salm-Kyrburg gilt als die „Retterin" Hohenzollerns.

Im Dreißigjährigen Krieg, der von 1618 bis 1648 tobte, wurde das Schloss von den Schweden eingenommen, ein Jahr später wurden sie vertrieben.

Ein Name ist eng mit Sigmaringen verbunden: Amalie Zephyrine von Salm-Kyrburg, Gattin des Erbprinzen Anton Aloys von Hohenzollern-Sigmaringen. Ihr hatten es die Hohenzollern zu verdanken, die Mediatisierung durch Napoléon Bonaparte zu verhindern. Die Fürstentümer Hohenzollern-Sigmaringen und Hohenzollern-Hechingen blieben eigenständig, was vielen anderen Mini-Fürstentümern verweigert wurde.

Sigmaringen war von 1806 bis 1849 glanzvolle Hauptstadt des souveränen Fürstentums Hohenzollern-Sigmaringen und Residenz der Fürsten – ein Glanz, der sich noch heute an den vielen wunderbaren Gebäuden rund um den Leopoldplatz und in der Karlstraße zeigt.

Das Wappen Hohenzollern-Sigmaringens im Schloss Sigmaringen

Mit der Revolution von 1848 verzichteten die Fürsten von Hechingen und Sigmaringen auf ihre Herrschaft, beide Fürstentümer fielen 1850 an Preußen und wurden zum Regierungsbezirk Sigmaringen, dem „Hohenzollernschen Lande". Von 1850 bis 1945 war Sigmaringen Sitz der preußischen Regierung, deren Ministerpräsidentsamt Karl Anton von Hohenzollern-Sigmaringen von 1858 bis 1862 innehatte.

Sigmaringen war im Ersten Weltkrieg kein Kriegsschauplatz. Mit dem Kriegsende 1918 endete der „herrschaftslegitimierende, dynastische Zusammenhang zwischen Preußen und Hohenzollern".

Die ältesten Teile des Schlosses liegen unter Neu- und Umbauten versteckt.

Sehenswertes

Das Schloss Sigmaringen

Das Schloss Sigmaringen ist ein prachtvolles Schloss, ausgestattet mit herrlichen Residenz- und Prunksälen, unzähligen Kunstschätzen und Sammlungen. Es ist nicht nur das Wahrzeichen von Sigmaringen, sondern auch ein spannendes Anschauungsobjekt von Architektur und Kunst vom 12. bis zum 20. Jahrhundert. Auch dieses Schloss begann als Burg, 1077 erstmals erwähnt. Die noch erhaltenen Burgreste wie Burgtor, Palas und Bergfried stammen aus der Stauferzeit um 1200. Mit den Grafen von Werdenberg im 15. Jahrhundert begann eine weitere Bauperiode. Der Bau wurde erst nach Nordost, dann auch nach Westen erweitert.

Selbst die kleinsten Ecken des Schlosses sehen verwunschen aus.

Das Schlossmuseum präsentiert in der Ausstellung „Kleidung. Macht. Geschichte." Exponate aus privatem Besitz der Hohenzollernfürsten.

Die dritte Bauperiode war der Umbau der Burg zu einem Renaissanceschloss (1627–1630) durch Graf Karl II. von Hohenzollern-Sigmaringen. 1736 wurde der 1878 renovierte „Ahnensaal" eingerichtet.
1893 kam über das Schloss eine Katastrophe: ein Großbrand vernichtete große Teile des Herrschaftssitzes. Der Wiederaufbau führte zu einer völligen Neugestaltung im Stil des Historismus oder Eklektizismus.
Eine Führung durch das Schloss und seine zahlreichen Prunksäle, in denen das Originalmobiliar, die Gemälde und Gobelins an die Noblesse der Fürsten von Hohenzollern in der schwäbischen Provinz erinnern, ist nur durch kompetente Schlossführer möglich (maximale Gruppengröße 30 Personen, ca. 60 Minuten). Bestandteil jeder Führung ist auch die große Waffenhalle, eine

Der blaue Salon wurde einst als Schreibzimmer genutzt.

Die Rüstungen in der Waffenhalle wiegen je 30 Kilogramm und bestehen aus 100 Einzelteilen.

Rüstkammer mit über 3.000 Exponaten. Eine barrierefreie Besichtigung ist aufgrund der historischen Bauweise nicht möglich.
Karl-Anton-Platz 8, 72488 Sigmaringen
Tel. +49 (0)7571 729230; Öffnungszeiten: 1. Nov bis 31. März: 10–16 Uhr, 1. April bis 31. Okt: 9–17 Uhr; letzte Führung eine Stunde vor Schließung; Schließzeiten: Fasnachtsdienstag, 24., 25. und 31. Dezember sowie am 1. Januar; www.schloss-sigmaringen.de

In der Jagdhalle hängen Damwildgeweihe aus den umliegenden Wäldern und von Jagdreisen aus dem europäischen Ausland.

Das Hauptgebäude des Rathauses wurde nach den Plänen des Architekten Friedrich Imbery aus Sigmaringen gebaut.

Rathausplatz

Sigmaringens erstes Rathaus wurde 1454, das heutige Hauptgebäude 1925 bis 1927 erbaut. An der Westecke des Rathauses ist eine Statue des vermutlichen Stadtgründers Sigmar zu sehen. Der Marktbrunnen von 1826 ist mit einer Brunnenfigur des Grafen Johann von Hohenzollern-Sigmaringen versehen.
Fürst-Wilhelm-Straße 15, 72488 Sigmaringen

Karlstraße

In fast gerader Linie führt die Karlstraße, auch Zylindergasse genannt, entlang einer Vielzahl von herrschaftlichen Gebäuden zum ehemaligen Kloster Hedingen am südlichen Ortsrand. Die Straße erhielt ihre heutige Pracht in der Bauphase zwischen 1806 und 1849. Einst eine Allee mit gemütlicher Beamtenatmosphäre, erhielt die Straße ihren Spitznamen, da zu dieser Zeit Beamte mit Frack und Zylinder zur Arbeit gingen. Heute sind es meist Krawattenträger, die in einem modernen Behördenzentrum ihren Arbeitstag verbringen.

Ein Reiterstandbild des Fürsten Leopold ziert den Leopoldplatz.

Leopoldplatz

Das Reiterstandbild des einflussreichen Fürsten Leopold liegt außerhalb der ehemaligen Stadtmauer. Fürst Karl baute um diesen Platz von 1835 bis 1840 ein Regierungs- und Verwaltungszentrum für das Fürstentum, das 1850 zum preußischen Regierungsbezirk Sigmaringen wurde. Die Schmuckstücke des Leopoldplatzes sind der Prinzenbau, das Ständehaus und einige Bürgerhäuser.

Prinzengarten

Der Prinzengarten ist ein Überbleibsel der ehemals ausgedehnten fürstlichen Parkanlagen, die der fürstlichen Familie vorbehalten und im Stil eines englischen Landschaftsgartens angelegt waren.
Zugang über die Karlstraße

Über Nacht

★★★ Hotel Fürstenhof
Zeppelinstraße 14
72488 Sigmaringen
Tel. +49 (0)7571 72060
www.fuerstenhof-sig.de

★★★ Hotel Jägerhof garni
Wentelstraße 4
72488 Sigmaringen
Tel. +49 (0)7571 744990
www.jaegerhof-sigmaringen.de

Hotel-Restaurant Traube
Fürst-Wilhelm-Straße 19
72488 Sigmaringen
Tel. +49 (0)7571 64510
www.hotel-traube-sigmaringen.de

Der Prinzengarten erstreckt sich hinter dem Alten Prinzenbau.

Stadtpfarrkirche St. Johann Evangelist

Die Stadtpfarrkirche St. Johann ist eine der sehenswertesten Barockkirchen nicht nur an der Hohenzollernstraße, sondern auch ein Höhepunkt der Oberschwäbischen Barockstraße. Man weiß, dass an ihrer heutigen Stelle eine Burgkapelle (1247) stand, die als Grablege der Grafen von Werdenberg sowie bis 1844 der Fürsten von Hohenzollern-Sigmaringen diente. Bedeutende Künstler dieser Epoche schmückten die Kirche aus: Johann Jakob Schwarzmann (Stuckateur), Johann Michael Feichtmayr (Altarbauer), Johann

St. Johann Evangelist ist eine der bemerkenswertesten Barockkirchen der Region.

Die Nordwand und der Turm der Pfarrkirche stammen noch aus dem Jahr 1850.

Georg Weckenmann (Bildhauer) und Meinrad von Ow (Maler).
In der Stadtpfarrkirche St. Johann sind der kostbare Fidelisschrein, das Armreliquiar des hl. Fidelis und die „Fideliswiege", in die Täuflinge, altem Brauch entsprechend, nach der Taufe kurz hineingelegt werden, zu sehen.
Am Kirchberg, 72488 Sigmaringen; tagsüber geöffnet

Josefskapelle
Die Kapelle wurde 1629 vom Renaissancebaumeister Hans Albertal erbaut. Die barocke Innenausstattung stammt von 1739.
Die Josefskapelle ist neben der Stadtpfarrkirche St. Johann fester Anlaufpunkt der Oberschwäbischen Barockstraße.
Auf dem Josefsberg
Besichtigung nach Voranmeldung:
Tel. +49 (0)7571 3104

Genuss-Tipp

Brauereigaststätte Zoller-Hof
Jeden Mittwoch
Wurstsalatbuffet
Leopoldstraße 42
72488 Sigmaringen
Tel. +49 (0)7571 12935
www.zollerhof-sigmaringen.de

Gasthaus Bären
Balkanspezialitäten
und gutbürgerliche Küche
Burgstraße 2
72488 Sigmaringen
Tel. +49 (0)7571 730999
www.baeren-sigmaringen.de

Gasthof Donau
Griechische Spezialitäten
Donaustraße 1
72488 Sigmaringen
Tel. +49 (0)7571 4612

Der oktogonale Kuppelbau schmückt die Josefskapelle.

Evangelische Stadtkirche

Ein Schüler des berühmten preußischen Baumeisters Karl Friedrich Schinkel, Oberbaurat Friedrich August Stüler, war so etwas wie der schwäbische Ableger preußischer Architektur. Einmal verantwortlich für den Aufbau der Burg Hohenzollern, errichtete er in preußischem Auftrag auch gleich die evangelische Stadtkirche in Sigmaringen. Das Grundstück spendierte Fürst Karl-Anton von Hohenzollern, den Bau allerdings finanzierte König Friedrich Wilhelm IV. von Preußen. Stüler verpasste der Kirche eine Art Kampanile, einen nahezu freistehenden Glockenturm. Die Inspiration dafür kam ihm während einer Italienreise, ebenso vermutlich wie die Entscheidung, die Kirche auf einem oktagonalen Grundriss zu erbauen. Herrliche Chorfenster von 1863 sowie Jugendstilfenster von 1911, ein Taufstein, den Erbprinz Leopold von Hohenzollern stiftete, und über dem Altar ein beeindruckender Sternenhimmel, den Stüler selbst entwarf, sind zu sehen. Dass die Kirche kleiner ausfiel als von Stüler geplant, verdankt sich der hinreichend bekannten schwäbischen Sparsamkeit. Man baute nach schwäbischem Maß und nicht nach dem größeren preußischen, was die Kosten senkte.

Karlstraße 22, 72488 Sigmaringen, Besichtigung nach Voranmeldung im Evangelischen Gemeindebüro Karlstr. 24, Tel. +49 (0)7571 683010

Prinzenbau

Der alte Bau von 1825 war eines der ersten Häuser außerhalb der Stadt und Wohnsitz von Fürstin Amalie Zephyrine. Der Prinzengarten schließt direkt daran an. Der Neue Prinzenbau von 1847 mit neogotischen

Der Alte Prinzenbau war eines der ersten Häuser außerhalb der Stadt.

Elementen wurde mit einer der ersten Warmwasserheizungen Europas errichtet. Nach weiteren gewaltigen Umbaumaßnahmen wurde in diesem Haus das Staatsarchiv für den „Regierungsbezirk Tübingen und Hohenzollern" untergebracht.
Staatsarchiv: Karlstraße 1, 72488 Sigmaringen; tagsüber geöffnet

Ständehaus

Das Ständehaus, erbaut 1848, ist ein architektonisches Highlight. Es wurde nach dem Ständesaal benannt und sollte sogar einmal als Landtagsgebäude dienen. In der Verfassung von 1833 war eine „landständische Vertretung" vorgesehen, doch nach der Revolution 1848 hatten sich diese Pläne erledigt. Seit bald nunmehr 165 Jahren befindet sich im Ständehaus die Landesbank Kreissparkasse Sigmaringen.
Leopoldplatz 5, 72488 Sigmaringen (Innenbesichtigung nicht möglich)

Alte Schule

Die klassizistische „Alte Schule" von 1879 wurde bis 1975 als Schulgebäude genutzt. Nach einer umfassenden Sanierung 1988 dient es heute als städtisches Kulturzentrum mit Stadtbibliothek und Städtischer Musikschule. Es finden regelmäßig Vorträge, Ausstellungen und Musikabende statt.
Schulhof 4, 72488 Sigmaringen, frei zugänglich

Alter Schlachthof

Es ist ein interessanter Industriebau aus der Zeit der Gründerjahre (1884/85). Der ehemalige Schlachthof mit Schlachthallen, Stallungen, Kaldaunenwäsche (Pansen), Freibank und Kranken-Viehstall ist heute ein bedeutendes Kulturzentrum, das vom Verein „Ateliers im Alten Schlachthof" betrieben wird.
Georg-Zimmerer-Straße 7, 72488 Sigmaringen
Tel. +49 (0)7571 3333

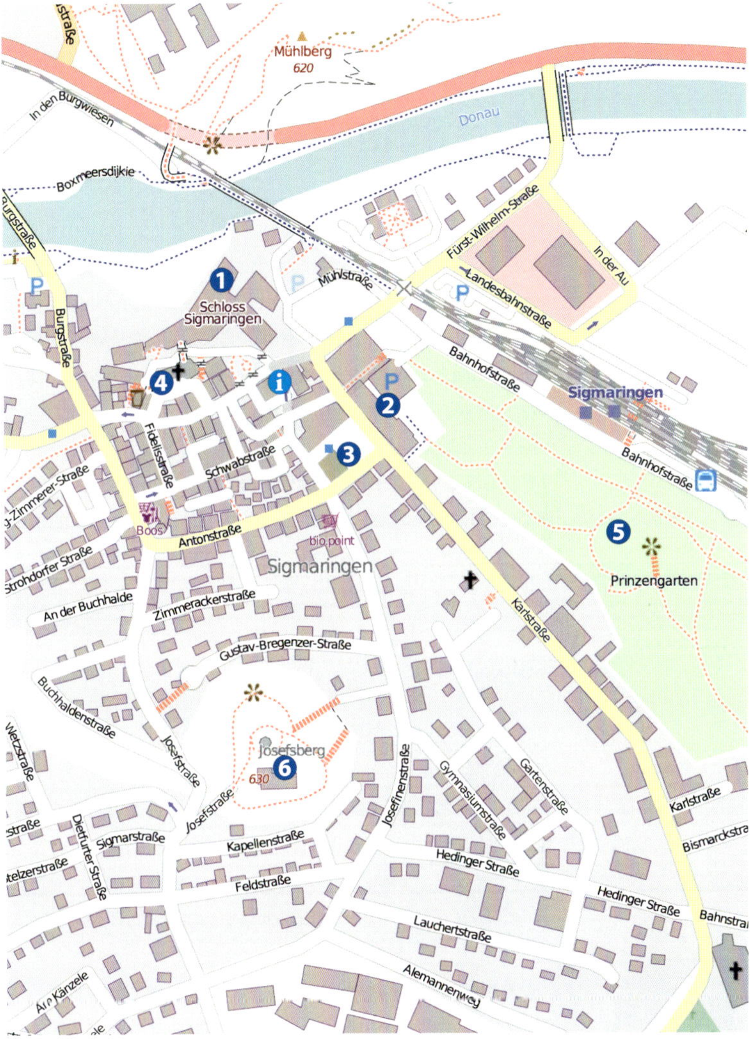

Adressen

1 • *Schloss Sigmaringen*
2 • *Prinzenbau*
3 • *Leopoldplatz*
4 • *Stadtpfarrkirche St. Johann Evangelist*
5 • *Prinzengarten*
6 • *Josefskapelle*

Tourist-Information

Tourist-Info
Schwabstraße 1
72488 Sigmaringen
Tel. +49 (0)7571 106224
www.sigmaringen.de

Kloster Habsthal Aushängeschild einer ganzen Region

Was für eine turbulente Geschichte, die das Kloster Habsthal vorweisen kann! „Benediktinerinnenkloster Unserer Lieben Frau Habsthal", so lautet die offizielle Bezeichnung des barocken Klosters, das heute zur Gemeinde Ostrach gehört. Begonnen hat alles Anfang des 13. Jahrhunderts im sieben Kilometer entfernten Mengen, als sich einige Frauen zusammentaten, um klösterliches Leben zu praktizieren und Gutes zu tun.

Habsthal um 1830

Sie gründeten eine Beginengemeinschaft und sorgten sich um kranke Mitbürger, um arme Menschen und Waisenkinder.

Pfalzgraf Hugo IV. von Tübingen und König Rudolf von Habsburg dankten dies den Frauen und wurden zu Stiftern eines Klosters. Sie überließen ihnen 1259 ein Anwesen in Habsthal, worauf sich die Frauen dem Dominikanerorden anschlossen. Noch im selben Jahr wurde mit dem Bau von Kirche und Kloster begonnen, und die Frauen siedelten nach Habsthal über. Ihre Anerkennung wuchs und entwickelte sich sogar zu einer

Figur des Heiligen Fidelis von Sigmaringen in der Pfarr- und Klosterkirche St. Stefan

kleinen Herrschaft. Im Verlauf der Jahrhunderte sah das Dominikanerinnenkloster sowohl Blüte- als auch Verfallszeiten. Als es zum Aufbewahrungsort adeliger Damen missbraucht wurde, glich das klösterliche Leben dem weltlichen Treiben am Hofe. Auch die Erlasse des Konstanzer Bischofs 1521 konnten die erwünschte klösterliche Disziplin nicht erwirken.
Ab 1535 bis zur Aufhebung des Klosters 1806 übten verschiedene Adelsfamilien bzw. ab 1623 die Fürsten von Hohenzollern-Sigmaringen Schirmherrschaft und Hochgerichtsbarkeit über das Kloster aus. Dieser Herrschaft machte Napoleon 1806 ein Ende. Das Kloster mit all seinem Besitz wurde von Napoleon an das Fürstentum Hohenzollern-Sigmaringen übereignet. Hohenzollernfürst Anton Aloys erlaubte jedoch den Nonnen im Kloster

Außenansicht des Klosters Habsthal

zu bleiben. Damals waren es zwanzig Frauen. Diese Abmachung dauerte bis 1840, dann wurde das Kloster zu einer Bildungsanstalt für angehende Lehrer umfunktioniert. Zwischen 1856 und 1875 diente es als Strafanstalt. Die Neuzeit des Klosters begann 1892, als es Benediktinerinnen aus der Schweiz erwarben. Jahrzehntelang betrieben die Nonnen eine Paramentenwerkstatt, für deren wunderbare Stickereien sie über die Landesgrenzen hinaus bekannt wurden. Gegenwärtig besteht der Konvent aus 5 Schwestern, die sich überwiegend der Gästeaufnahme widmen. Seit 2010 finden am Klostergebäude umfangreiche Sanierungsarbeiten statt.

Die Klosterkirche birgt viele barocke Kunstschätze.

Das kunstvolle Deckenfresko wurde von Gottfried Bernhard Göz gestaltet.

Klosterkirche St. Stefan

Ein Höhepunkt an der Hohenzollernstraße ist die barocke Klosterkirche St. Stefan mit zahlreichen Kunstschätzen. Während des Barock suchte man die besten Meister: Gottfried Bernhard Göz gestaltete das Deckenfresko, der Stuck stammt von Joseph Anton Feuchtmayer, und Franz Joseph Spiegler malte eines der Marienbilder. Das ihnen vorgegebene Thema in Habsthal entsprang der dominikanischen Spiritualität: Eucharistieverehrung und Marienverehrung. Auf der sogenannten Nonnenempore befindet sich eine Orgel aus dem Jahr 1907, die 18 Register besitzt. Was Besucher heute in der Kirche sehen, stammt überwiegend aus den Jahren 1650 bis 1750.

Klosterstraße 11, 88356 Ostrach-Habsthal; ganzjährig tagsüber geöffnet; Führung nach Anmeldung: +49 (0)7585 656 oder info@kloster-habsthal.de (Priorin Schwester Kornelia); www.kloster-habsthal.de

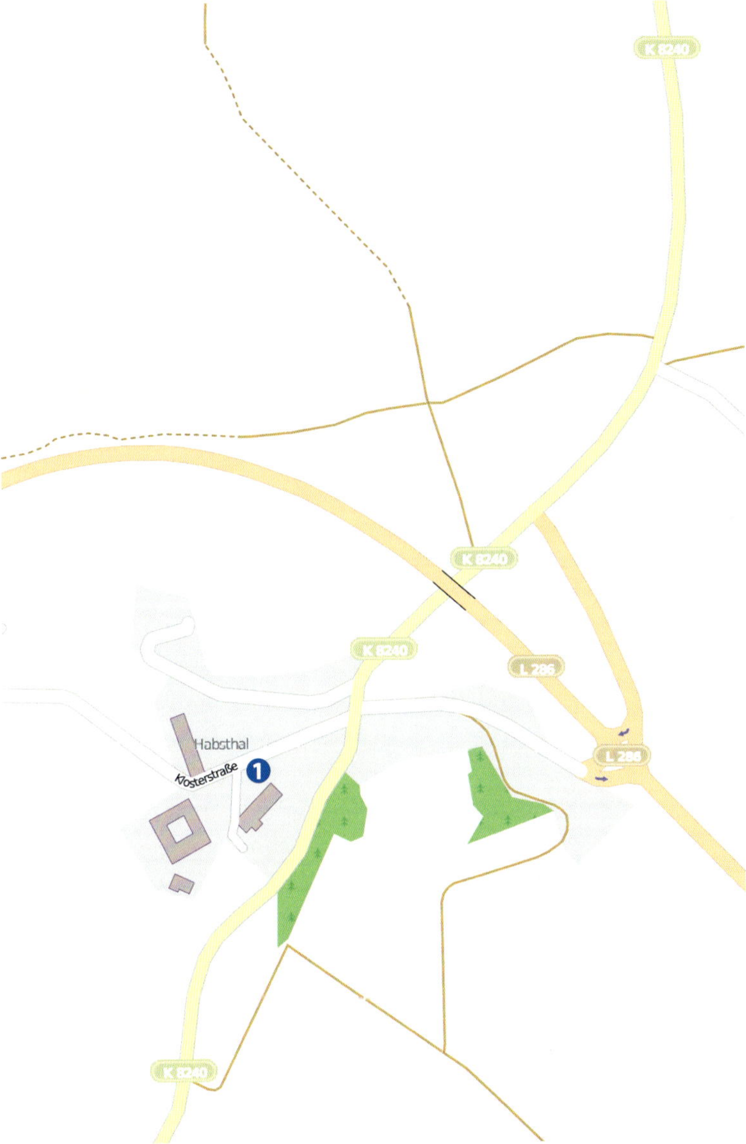

Adressen

1 • *Kloster Habsthal*

Tourist-Information

Kloster Habsthal
www.kloster-habsthal.de

Mengen
Lebendige Stadt mit langer Geschichte

Wunderschöne Fachwerkhäuser säumen die Straßen.

Die Fuhrmannstadt Mengen bietet neben Geschichte vor allem Kultur und Natur. Interessant ist die Stadt aufgrund ihrer Lage im Herzen Oberschwabens zwischen Donau und Bodensee als Ausflugsziel, aber auch für einen Kurzurlaub.

Mengen ist der ideale Ausgangspunkt für Ausflüge auf die Schwäbische Alb, an den Bodensee oder in den Naturpark Obere Donau.

Von der früheren Besiedlung der Gegend zeugen heute noch zahlreiche Funde aus der Hallstatt- und Römerzeit. Mengen, das bereits in der Stauferzeit das Stadtrecht erhielt (1276), gehörte als eine der so genannten fünf Donaustädte bis 1806 zu Vorderösterreich und kam dann zu Württemberg. Die Teilorte Rulfingen und Rosna gehörten zum Fürstentum Hohenzollern.

Mit seiner wechselvollen Geschichte und vielen Wahrzeichen aus der Vergangenheit präsentiert sich Mengen heute als traditionsbewusste, lebendige und aufgeschlossene Stadt. Viele Traditionen, wie z. B. die alle vier Jahre stattfindenden Heimattage, das Maifest, der Martinimarkt

Im Römermuseum können interessante römische Funde betrachtet werden.

Beim Bürgerwachjahrtag wird historische Tradition mit Musikzug zelebriert.

und der Bürgerwachjahrtag sowie die schwäbisch-alemannische Fasnacht haben sich bis in die Gegenwart erhalten und leisten einen wichtigen Beitrag zur Brauchtumspflege.
Mengen bietet aber auch im Freizeit-, Sport- und Kulturbereich vielfältige Möglichkeiten und ist darüber hinaus eines der ökologisch wertvollsten Naherholungsgebiete Oberschwabens. Die Zielfinger Seenlandschaft im Westen der Stadt ist als ausgewiesenes Fauna-Flora-Habitat-Gebiet ein besonders geschützter Lebensraum für seltene Vogelarten und Pflanzen. Mit einem Strandbad, einem Wohnmobilstellplatz, Rad- und Wanderwegen und zwei Gastronomiebetrieben ist dieses Gebiet gleichzeitig aber auch touristisch erschlossen und für jedermann erlebbar.
Das bereits mehrfach ausgezeichnete Römermuseum in Mengen-Ennetach liegt direkt am Donautalradwanderweg. Im Erdgeschoß des Römermuseums bietet das Café Domus Erlebnisgastronomie nach römischem Vorbild. Hier kann man auf Bestellung auch ein „echtes" Römeressen buchen.
Wer sich die Gegend einmal aus der Vogelperspektive anschauen möchte, kann vom RegioAirport Mengen zu einem Rundflug „abheben". Der viertgrößte Verkehrslandeplatz Baden-Württembergs ist ein beliebtes Ziel von Hobby- und Sportpiloten und war bereits mehrfach Austragungsort der deutschen Segelflug- und Hubschraubermeisterschaften.

Der Reiserstift in Mengen

Stadtverwaltung Mengen
Hauptstraße 90, 88512 Mengen
Tel. + 49 (0)7572 6070
www.mengen.de

Krauchenwies Das „Klein-Paris" des 19. Jahrhunderts

Das Dorf Krauchenwies wurde erstmals im Jahre 1202 erwähnt. Der Ortsname könnte eine Ableitung vom Wort kruchen (= kriechen) sein. Bereits seit 1216 hat Krauchenwies eine eigene Pfarrkirche und gehörte eine Weile zur Abtei Reichenau. Das Kloster hatte Krauchenwies die Dorfherrschaft, den Kirchensatz und die Kontrolle der abhängigen Bauern übertragen. Nach einer Reihe von Herrschaftswechseln kaufte Karl II. von Hohenzollern-Sigmaringen Krauchenwies im Jahre1595. Die Besitzverhältnisse an Krauchenwies blieben lange Zeit umstritten. Um den hohenzollerischen Besitzanspruch zu betonen, wurde von den Hohenzollern 1731 eine Feldbeschreibung über den „Hochfürstlich-Sigmaringischen Immediat-Flecken Krauchenwis" in Auftrag gegeben.

Fürst Karl von Hohenzollern-Sigmaringen

Krauchenwies wurde im 19. Jahrhundert gerne als „Klein-Paris" bezeichnet: In Nachbarschaft des frühklassizistischen Schlosses wurde von der Herrschaft Hohenzollern-Sigmaringen 1828/1829 ein neues Landhaus im fürstlichen Park errichtet. Neben der prachtvollen Parkanlage gab es verschiedene repräsentative Bürgerhäuser. So wurde Krauchenwies zum Treffpunkt gekrönter

Die klassizistische Fassade des Rathauses verfügt über Wandmalereien im oberen Giebelbereich.

Häupter: u. a. Kaiser Wilhelm I. und Kaiserin Augusta. Ab 1807 gehörte das Dorf zum neugegründeten hohenzollerischen Oberamt Sigmaringen. Nach der Übergabe des Fürstentums Hohenzollern-Sigmaringen an Preußen wurde Krauchenwies 1850 preußisch und blieb es bis 1945. Seit der Gemeindereform von 1975 besteht die Gesamtgemeinde aus sechs Ortsteilen.

Sehenswertes

Altes Schloss Krauchenwies

Das Alte Schloss Krauchenwies ist ein klassizistisches Schloss an östlicher Ecke des Fürstlich Hohenzollerischen Parks. Hier hatten die Grafen und späteren Fürsten von Hohenzollern-Sigmaringen ihren Sommersitz. Fürst Karl von Hohenzollern-Sigmaringen (1785–1853) wohnte ab 1808 mit seiner Familie in Krauchenwies.
Einige Jahre diente das Alte Schloss als Bildungszentrum der Bundesfinanzverwaltung. Danach stand es leer und verfiel. Die Renovierungskosten wurden auf sieben

Über Nacht

Landgasthof Schwarzer Adler
Hauptstraße 5
72505 Krauchenwies
Tel. +49 (0)7576 1853

Landgasthof zur Linde
Meßkircher Straße 23
72505 Krauchenwies-Göggingen
Tel. +49 (0)7576 824

Gasthaus Krone
Schmiedegasse 3
72505 Krauchenwies
Tel. +49 (0)7576 1880

Landhaus Krauchenwies der Fürsten von Hohenzollern-Sigmaringen im Fürstlichen Park von Krauchenwies

Millionen DM veranschlagt. Doch diese Summe konnte niemand aufbringen, weshalb das Haus Hohenzollern 2001 einen Antrag auf Abriss stellte. 2002 entschied sich das Landesdenkmalamt Baden-Württemberg gegen einen Abriss.
In einer Rettungsaktion wurde 2006 eine Erhaltungssanierung durchgeführt. Die ursprüngliche Gestalt der Dreiflügelanlage konnte erhalten werden. Das Schloss ist im heutigen Zustand eine südseitig geöffnete Dreiflügelanlage im Stil des frühen Klassizismus. Das Schloss steht unter Denkmalschutz und befindet sich im Besitz der Familie von Hohenzollern. Es ist zur Zeit ungenutzt.
Im Park 2, 72505 Krauchenwies

Das Schloss Krauchenwies gehört seit 1595 den Grafen und Fürsten von Hohenzollern-Sigmaringen.

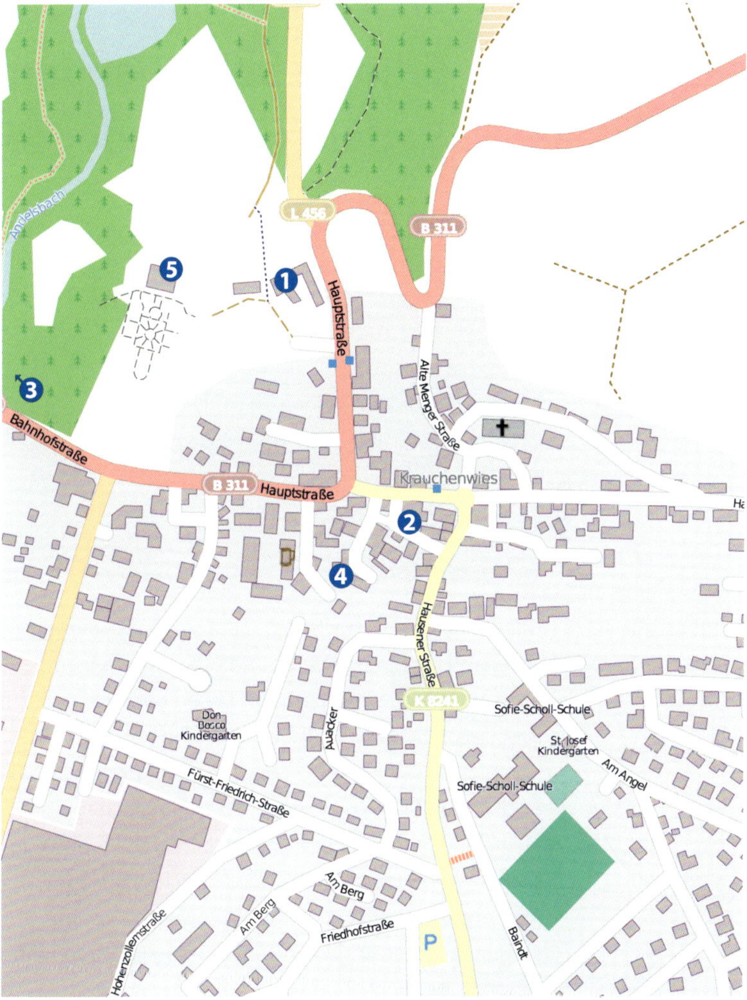

Adressen

1 • *Altes Schloss*

2 • *Landgasthof Schwarzer Adler*

3 • *Landgasthof zur Linde*

4 • *Gasthaus Krone*

5 • *Landhaus Krauchenwies*

Tourist-Information

Gemeindeverwaltung
Krauchenwies
Hausener Straße 1
72505 Krauchenwies
Tel. +49 (0)7576 9720
www.krauchenwies.de

Ostrach
Erholen beim Wandern, Radeln und Entdecken

Rund um Ostrach bieten sich einzigartige Naturlandschaften.

Das kleine Dorf Ostrach liegt inmitten eines wunderschönen Erholungsgebiets rund um einen kleinen Bach, welcher dem Ort seinen Namen gab. Der Besucher der Hohenzollernstraße kann sich über ein sportlich ausgerichtetes Freizeitangebot freuen, aber auch einige Museen besuchen. Was in manchem kleinen Ort entlang der Hohenzollernstraße fehlt, ist in Ostrach herausragend: Eine ausgezeichnete Hotellerie und ein vielfältiges gastronomisches Angebot sorgen für einen angenehmen Aufenthalt. Wandern in Wäldern, herrliche Radtouren oder im zweitgrößten

Der Fünfeckweiher lädt zum genussvollen Verweilen ein.

Moor Süddeutschlands unbekannte Flora entdecken, all dies macht Ostrach zu einem abwechslungsreichen Erholungsort.

Ostrachs Lage ist ideal, um weitere Sehenswürdigkeiten in der näheren oder weiteren Umgebung zu erkunden. Es ist nicht weit zur barocken Klosterkirche in Sießen, zum Thermalbad Bad Saulgau oder zum Schloss in Sigmaringen. Auch der Bodensee und die Alpen sind nicht fern.

Sehenswertes

Grenzsteinmuseum mit Freilichtanlage

In Ostrach befindet sich das Grenzsteinmuseum im Amtshaus, und ein 13 km langer Vermessungslehrpfad führt zur rund 4.000 Quadratmeter großen Freilichtanlage mit alten Grenzen und Grenzverläufen im Ortsteil Burgweiler. Dieses wohl einmalige Grenzsteinmuseum zeigt die ehemaligen Grenzverläufe der einst selbstständigen Länder Württemberg, Baden und Hohenzollern-Sigmaringen auf der Gemarkung Ostrach.

Rentamtstraße 1, 88356 Ostrach; Öffnungszeiten: Freilichtanlage ganzjährig geöffnet, das Museum immer am 1. Sonntag im Monat von 14–17 Uhr

Über Nacht

Landhotel Alte Mühle am Ried
Einst eine Getreidemühle, heute ein familienfreundliches Wellness-Hotel mitten in einem Naturschutzgebiet
Auenstraße 13
88356 Ostrach-Waldbeuren
Tel. +49 (0)7585 9390
www.landhotelaltemuehle.de

Das Grenzsteinmuseum erinnert an die bis ins Mittelalter zurückreichenden, höchst komplizierten Grenzverhältnisse in Oberschwaben.

Das Heimatmuseum in einer ehemaligen Molkerei präsentiert zahlreiche Exponate der Ortsgeschichte.

Heimatmuseum

Die Hauptattraktion des in seiner jetzigen Form 1986 eröffneten Heimatmuseums im Amtshaus in Ostrach bildet ein Zinnfigurendiorama von der Schlacht bei Ostrach zwischen Frankreich und Österreich am 21. März 1799, das von Gegenständen wie Kugeln, Perkussionsgewehren mit Bajonett, Schlachtplänen und Schlachtengemälden ergänzt wird. Weitere Abteilungen sind der Geschichte der Vermessungstechnik in Ergänzung zur Freilichtanlage des Grenzsteinmuseums sowie dem Aufbruch ins 20. Jahrhundert gewidmet. Weitere Ausstellungsstationen befinden sich noch im Aufbau.
Rentamtstraße 1, 88356 Ostrach, Tel. +49 (0)7585 536; Öffnungszeiten: jeden 1. Sonntag im Monat von 14–17 Uhr

Volkskundemuseum

Das Volkskundemuseum Ostrach ist im historischen Salemer Amtshaus untergebracht, einem Fachwerkbau aus dem 16. Jahrhundert. Es bietet mit den Sammlungen von Prof. Dr. Bogenschütz dem Besucher einen kompletten Überblick über die ländliche Lebenswelt der Region der letzten 500 Jahre. Neben geschnitzten und bemalten Kleinexponaten zur volkskundlichen Sachkultur werden eine komplette Leidringer Schlafkammer sowie Möbelteile der Untermünkheimer Schreinerfamilie Rössler gezeigt.

Im Museum erfahren Besucher Aufschlussreiches über volkskundliche Themen in der Region zwischen Bodensee und Unterland.

Besondere Beachtung verdient eine in sich geschlossene Sammlung alter bäuerlicher Brettstühle deren Lehnen religiösen, beruflichen und familiären Symbolcharakter tragen. Zu sehen sind außerdem gotische Truhen und Dachgiebeltruhen aus dem 16. Jahrhundert sowie zahlreiche bemalte Schranktüren des 17. bis 19. Jahrhunderts. In weiteren Räumen werden eine bäuerliche Küche mit allen alten Küchengeräten, eine Spinnstube mit den zur Flachsverarbeitung benötigten Werkzeugen und typische, bemalte Getreidesäcke gezeigt.
Im Obergeschoss ist eine Sammlung alter Saiteninstrumente untergebracht.
Weitere Unterabteilungen widmen sich der sakralen bäuerlichen Kunst und Spielzeugfiguren aus früheren Zeiten, wie z.B. Tierfiguren aus Elastolin, Holz, Plüsch und anderen Materialien.
Rentamtstraße 1, 88356 Ostrach; Öffnungszeiten: jeden 1. und 3. Sonntag im Monat von 14–17 Uhr

Genuss-Tipp

★★★ Landhotel Restaurant Gasthof zum Hirsch
Küche auf hohem Niveau. Schwäbische Spezialität: Angemachter „Schwartenmagen" in pikanter Schnittlauch-Vinaigrette. „Schwartenmagen" ist eine Kochwurst im Schweinemagen, der mit Schweinefleisch und Schweineschwarten gefüllt ist. In manchen schwäbischen Gasthäusern wird er auch als Presskopf, Presssack, Presswurst oder Sausack bezeichnet.
Hauptstraße 27
88356 Ostrach
Tel. +49 (0)7585 92490
www.landhotel-hirsch.de

Dank des Bohlenstegs können auch feuchtere Gebiete des Bannwalds durchschritten werden.

Kirchen in Ostrach

Die St.-Pankratius-Kirche und ihr Turm (1569) sind das Wahrzeichen Ostrachs. Herausragend sind der barocke Chor (1706) und das neugotische Langhaus (1899).
Im Ortsteil Wangen befindet sich die romanische Sankt-Michaels-Kapelle aus dem 12. Jahrhundert. Die Glocke (1900), eine Wetterglocke, warnte einst die Bevölkerung vor schwerem Gewitter und Hagel. Erst 1963 wurde eine elektrische Läutanlage eingebaut.
Die 1883 umgebaute dreischiffige St.-Blasius-Kirche im Ortsteil Burgweiler behielt ihren romanischen Turm und eine Krypta aus dem 12. Jahrhundert.
Die Kirchen sind tagsüber geöffnet.

Die Staffelgiebel des Turms von St. Pankratius sind schon von Weitem sichtbar.

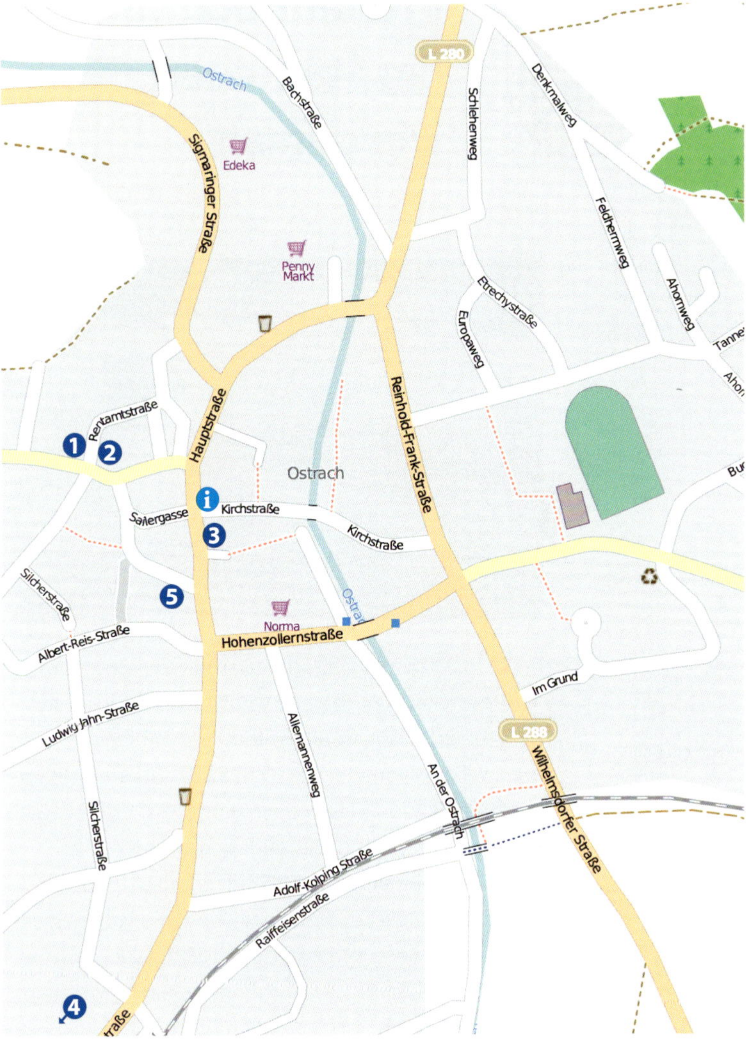

Adressen

1 • *Grenzsteinmuseum*

2 • *Heimatmuseum*

3 • *St.-Pankratius-Kirche*

4 • *Landhotel Alte Mühle am Ried*

5 • *Landhotel Restaurant Gasthof zum Hirsch*

Tourist-Information

Gemeindeverwaltung Ostrach
Hauptstraße 19
88356 Ostrach
Tel. +49 (0)7585 3000
www.ostrach.de

Pfullendorf
Ein Städtchen wie gemalt

Pfullendorf liegt mitten im herrlichen Linzgau.

Rund 13.000 Einwohner leben in einer der schönsten Städte entlang der Hohenzollernstraße. Wie aus dem Bilderbuch wirken die alten Stadttore, Wahrzeichen des nur zwanzig Kilometer vom Bodensee entfernten Städtchens Pfullendorf. Geschichtsträchtig ist sie, die ehemals freie Reichsstadt, und dies zeigt sich an jeder Ecke.
1220 wurde Pfullendorf zur Stadt erhoben, gab sich eine demokratische Zunftverfassung und wählte jedes Jahr den Bürgermeister neu. Diese Verfassung galt bis zum Anfang des 19. Jahrhunderts. Ein Meilenstein war auch das Jahr 1415, als auf dem Konstanzer Konzil der Reichsstadt die Hohe Gerichtsbarkeit (Blutbann) verliehen wurde. Pfullendorf war damit nur noch Gott und dem Kaiser verpflichtet.
1803 wurde Pfullendorf badisch, 1936 dem Landkreis Überlingen zugeschlagen, 1973 dem Landkreis Sigmaringen. In den Jahren 1972 bis 1976 wurden die Ortschaften Aach- Linz, Denkingen, Gaisweiler, Tautenbronn, Großstadelhofen, Mottschieß, Otterswang und Zell-Schwäblishausen eingemeindet.

Sehenswertes

Oberes Tor

Noch heute sind vielfach Teile der einst umlaufenden mittelalterlichen Stadtmauer zu sehen. An der Doppeltoranlage des Oberen Tores mit der historischen Stadtmauer aus dem 11. Jahrhundert sieht man noch die Wachtürme beim Spital. Die Mauer besaß Schießscharten und einen hölzernen Wehrgang. Das Obere Tor von 1505 gilt als die schönste Doppeltoranlage im gesamten Bodenseeraum. Stolze 38 Meter hoch ist ihr Beobachtungsturm, erbaut auf einem Hügel vor der Stadt. Am Vortor über dem Torbogen sieht man zwischen zwei Rundtürmchen eine Kreuzigungsgruppe und das von zwei „Wilden Männern" gehaltene Reichsstadtwappen der Stadt.
Im Inneren des Turmes wurden eingeritzte, teilweise geheimnisvolle Zeichen und Namen entdeckt. Spannend wird es dann im 4. Stockwerk, wo sich winzige Gefängniszellen befinden, jeweils versehen mit einer doppelten schweren Holztür. Die letzten Gefangenen wurden 1945 von der französischen Besatzungsmacht hier eingeschlossen.

Im vierten Stock des Turmes befinden sich kleine Gefängniszellen.

Im Rathaus ist ein Glasbilderzyklus aus der Frührenaissance zu bewundern.

Rathaus

Im 1524 erbauten Rathaus, 1785 erweitert, befindet sich im historischen Saal ein einmaliger Glasbilderzyklus (16. Jahrhundert) aus der Frührenaissance. Davor befindet sich der historische Marktplatz.
Kirchplatz 1, 88630 Pfullendorf

In den Mauern aus Molasseblöcken des Alten Hauses sind Schießscharten eingelassen.

Das Alte Haus

Es wird auch Schoberhaus genannt, das im frühen 14. Jahrhundert (vermutlich 1317) in alemannischer Hochständerbauweise als Bürgerhaus gebaut wurde. Es ist eines der ältesten erhaltenen Fachwerkhäuser Süddeutschlands und wurde wunderschön restauriert. Heute befindet sich hier das Museum zur Stadtgeschichte.
Museumgasse 3, 88630 Pfullendorf;
Öffnungszeiten: Mai bis Okt.: Mi und Sa: 14–16 Uhr oder nach Vereinbarung in der Tourist-Information

Jakobus-Pilger-Statue in Pfullendorf

Heimatmuseum Bindhaus

Das Bindhaus wurde 1499 erbaut und beherbergt heute das städtische Heimat- und Handwerksmuseum. Besucher bekommen einen Einblick in die Fasnacht von Pfullendorf und Umgebung, in altes Handwerk und können landwirtschaftliche Geräte bestaunen. Vor dem Gebäude steht eine Statue des Stauferkönigs Friedrich II.
Metzgergasse 8/10, 88630 Pfullendorf;
Öffnungszeiten: Mai bis Okt.: Mi und Sa: 14–16 Uhr oder nach Vereinbarung in der Tourist-Information

Stadtkirche St. Jakobus

Die Stadtkirche St. Jakobus ist ein wahrer „Festsaal". Besucherinnen und Besucher der Hohenzollernstraße werden erstaunt sein, wenn sie das Portal der äußerlich

Der Innenraum der Kirche ist mit Deckenfresken, Wandbildern und opulentem Stuck geschmückt.

eher unscheinbaren Kirche öffnen: Selten bekommt man eine solche Fülle an barocken Farben, Stuckelementen, Formen und Bildern zu sehen.
Kirchplatz, 88630 Pfullendorf; Gruppenführungen buchbar über die Tourist-Information; www.kirche-pfullendorf.de

Der 36 Meter hohe Kirchturm von St. Jakobus wird von einem Engel gekrönt.

Wallfahrtskirche Maria Schray
Sie ist ein wichtiges Pilgerziel für den gesamten oberschwäbischen Raum, die Pfullendorfer Wallfahrtskirche Maria Schray aus dem 14. Jahrhundert. Sie ist ganz im Stile des Rokoko ausgestattet, mit einer bedeutenden Ausmalung und einem Gnadenbild. Nach der Legende konnte das Gnadenbild von einem vernichtenden Brand im Jahr 1632 gerettet werden und fand Schutz bei einer großen Eiche im Wald. Die Muttergotteseiche wird bis heute aufgesucht und in Ehren gehalten.

Spitalkapelle
Neben dem Obertor hat man die altehrwürdige Spitalkapelle im gotischen Stil erbaut. Interessant

der spätgotische Schreinaltar mit einer Darstellung der Anbetung des Kindes durch die „Drei Weisen aus dem Morgenland". Dreimal in jeder Woche wird in der Spitalkapelle die Eucharistie gefeiert.

Die Keller von Pfullendorf

Die Altstadt von Pfullendorf hat auch unter der Erde eine Besonderheit: Sie ist von langen unterirdischen Gängen durchzogen und verbindet vier Keller miteinander. Besichtigen kann man noch den „Felsenkeller" unter dem Hotel Adler. Aus welcher Zeit die Keller stammen ist nicht bekannt.
Gruppenführungen durch die Unterwelt buchbar über die Tourist-Information

Über Nacht

Flair Hotel Adler
Heiligenberger Straße 20
88630 Pfullendorf
Tel. +49 (0)7552 92090
www.adler-hotel.de

Hotel Krone
Hauptstraße 18
88630 Pfullendorf
Tel. +49 (0)7552 92170
www.hotel-krone.de

Genuss-Tipp

Restaurant „Haus Linzgau"
Kasernenstraße 14
88630 Pfullendorf
Tel. +49 (0)7552 928790
www.haus-linzgau.de

Seepark Linzgau

Ein herrliches Erholungsgebiet ist der Seepark Linzgau mit seinen wunderschön angelegten Spazierwegen in der Parkanlage. Sportliche Besucher der Hohenzollernstraße wird es in den Wasserskipark ziehen, wo man sich beim Wakeboarden vergnügen kann, und zu den Seepark-Golfanlagen, Deutschlands verrücktester Abenteuer-Golfanlage!
Auch für das kulinarische Wohlbefinden ist gesorgt: Es gibt verschiedene Grillstellen im Freien und ein Restaurant. Wohnmobilisten können sich direkt neben dem Seepark für eine kleine Gebühr, aber ohne Anmeldung niederlassen.
Am Litzelbacher Weg
88630 Pfullendorf
Tel. +49 (0)7552 251131;
www.seepark-linzgau.de

Adressen

1 • *Oberes Tor*

2 • *Rathaus*

3 • *Altes Haus*

4 • *Heimatmuseum Bindhaus*

5 • *Seepark Linzgau*

6 • *Stadtkirche St. Jakobus*

Tourist-Information

Kirchplatz 1
88630 Pfullendorf
Tel. +49 (0)7552 251131
www.pfullendorf.de

Hohenfels (bei Stockach) Auf Höhenlage

Auf einer Höhe von 509 bis 714 Meter liegt die kleine Gemeinde Hohenfels. Rund 3050 Hektar beträgt die Fläche, davon sind etwa 1100 Hektar bewaldet. Landschaftlich und geologisch gehört Hohenfels zum Stockacher Bergland und liegt im Bereich der Sprachgrenze vom Alemannischen zum Schwäbischen. Die ehemals selbstständigen hohenzollernschen und später preußischen Gemeinden Selgetsweiler, Liggersdorf, Mindersdorf, Kalkofen und Deutwang firmieren heute unter dem Namen Hohenfels und gehören zum Landkreis Konstanz. Im Mittelpunkt steht der Namensgeber der Gemeinde, die Burg Hohenfels.

Heute ist in der Burg Hohenfels eine Internatsschule untergebracht.

Sehenswertes

Burg Hohenfels

Über 700 Jahre steht sie bereits hoch oben auf einem Buckel (622 Meter) mit einer fantastischen Aussicht. Wechselhaft ist ihre Geschichte im Laufe der Jahrhunderte gewesen.

Gebaut wurde sie einst von den Herren von Hohenfels mit dem Namen „Neuhohenfels" als Wohnsitz der Familie von Neu-Hohenfels, die sich hier im 12. Jahrhundert niedergelassen hatte. Erwähnt wurde sie erstmals im Jahre 1292. Das Geschlecht starb aus, und wie üblich, ging die Burg durch eine Heirat an neue Besitzer über, in dem Fall an die Herren von Jungingen. Im Laufe des 15. Jahrhunderts aber verfiel die Burg. Anfang des 16. Jahrhunderts verstarb der letzte männliche Erbe der Familie Jungingen, woraufhin die Burg an den Deutschen Orden verkauft wurde und nun zu Altshausen, Elsass und Burgund gehört. Zwei schwere Brände im 16. und 17. Jahrhundert zerstörten die Burg teilweise. Die Deutschordensherrschaft Hohenfels gelangte 1806 unter die Landeshoheit des Fürstentums Hohenzollern-Sigmaringen. Durch die Revolution von 1848 übergaben die beiden hohenzollernschen Fürsten ihre Staaten 1849/50 an Preußen und hießen bis 1945 Hohenzollerische Lande. Nach dem Zweiten Weltkrieg gehörten diese Teile zu Württemberg-Hohenzollern, ab 1952 zum neuen Bundesland Baden-Württemberg.
Über das Fürstenhaus Hohenzollern-Sigmaringen ging die Schlossanlage schließlich an die Schule Schloss Salem, die hier ein Internat betreibt.

Die Burg Hohenfels ist ein Barockschlösschen im Burgenstil.

Genuss-Tipp

Gasthaus Adler
Ortsstraße 14
78355 Hohenfels
Tel. +49 (0)7557 8918
www.adler-liggersdorf.de

Über Nacht

Gasthof Bären
Ortsstraße 7
78355 Hohenfels-Liggersdorf
Tel. +49 (0)7557 487
www.gasthof-baeren.de

Das Wasser im Naturbad wird mechanisch-biologisch gereinigt und dabei wird auf Chlor verzichtet.

Das Naturbad im Ortsteil Kalkofen

Bis Herbst 2004 hatte Hohenfels ein herkömmliches Freibad. Nachdem der Gemeinde das Geld ausging, machten sich die Bürger auf und schufen mit rund 7.000 ehrenamtlichen Stunden ein attraktives Naturbad. Es wird heute von einem Verein betrieben.

Kahlweg 10, 78355 Hohenfels-Kalkofen
Tel. +49 (0)7557 1264; www.naturbad-hohenfels.de

Ausflugstipps

Wandern auf dem Jakobsweg

Das Symbol der Jakobsmuschel als Zeichen des Jakobsweges

Die Umgebung der Stadt ist eine tolle Wandergegend. Empfehlenswert ist der Hegauer Jakobsweg, der von der Gemeinde Wald (Hohenzollern) über den Walder Ortsteil Sentenhart zum Hohenfelser Gebiet führt. Auf der Hohenfelser Fläche streift der Weg Liggersdorf und Mindersdorf, an der dortigen Pfarrkirche St. Laurentius, führt an Oswald vorbei und schließlich über Deutwang und Ursaul bis zur Stadt Stockach.

Mit dem Ballon entlang des Bodensees

Im Korb des Ballons die Schönheit der Landschaft rund um den westlichen Bodensee zu genießen ist ein unvergessliches Erlebnis. Über sanfte Hügel, glitzernde Wasser und weite Ebenen gleitet der Ballon eine bis eineinhalb Stunden und eröffnet herrliche Aussichten.

Bodensee Ballöner, Kratellen 19, 78355 Hohenfels
Tel. +49 (0)7557 8474; www.bodensee-balloener.de

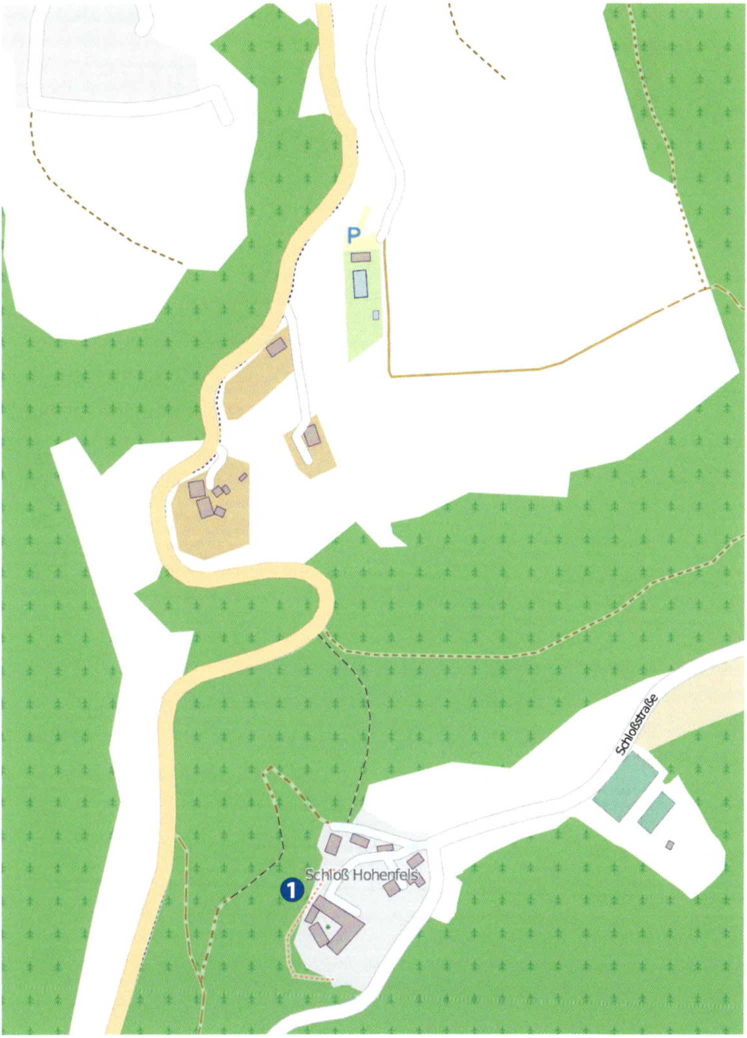

Adressen

1 • *Burg Hohenfels*

Tourist-Information

Gemeindeverwaltung Hohenfels
Hauptstraße 30
78355 Hohenfels
Tel. +49 (0)7557 92060
www.hohenfels.de

Wald (Hohenzollern) Arm an Industrie, reich an Natur

Bereits gegen Ende des dritten Jahrtausends v. Chr. und in der Spätjungsteinzeit sollen in dieser Gegend Menschen gelebt haben. Von großer Bedeutung für die heute rund 2.750 Einwohner zählende Gemeinde war jedoch der Bau eines Zisterzienserinnen-Klosters zu Beginn des 13. Jahrhunderts. Es war ein reiches Kloster mit zahlreichen Besitztümern zwischen Bodensee und Donau. Der große Gebäudekomplex und die wunderschöne Barockkirche belegen noch heute den einstigen Reichtum. Gleich nach dem Zweiten Weltkrieg übernahmen Benediktinerinnen das Kloster und machten aus ihm ein heute renommiertes Gymnasium mit Internat und Lehrwerkstätten.
Mit der Säkularisation wurde 1806 das Kloster aufgehoben. Das Kloster und alles was dazu gehörte bekamen die Fürsten von Hohenzollern in Sigmaringen mit der Folge, dass nicht nur Wald, sondern alle anderen Gemeinden selbstständig wurden. Eines hat sich aber nicht verändert: Wald war und ist eine eher arme

Aus dem Mittelalter sind im Kloster Wald der romanische und der gotische Teil des Kreuzgangs erhalten, der Kapitelsaal und der „Jennerflügel".

Der Innenraum der Klosterkirche St. Bernhard erstrahlt im Barock-Rokoko-Stil.

Gemeinde, ohne jegliche Industrie. Dafür verfügt die Gegend über eine wunderschöne Natur, die in den Naturschutzgebieten Egelsee und Ruhestetter Ried erlebbar ist.

Sehenswertes

Neue Kunst am Ried

Das ist ein Projekt mit Bildhauerarbeiten, Ausstellungsräumen, Werkstätten sowie Wohn- und Ateliergärten. Dabei wird Kunst in verschiedenen Außen- und Innenräumen erlebbar gemacht. Das Projekt startete 1996 mit dem Erwerb eines Bauernhauses am Rand des Naturschutzgebiets Ruhestetter Ried und umfasst heute 8 Hektar Wiesenland. Ein spezieller Schwerpunkt liegt neben der Kunst auch auf der im Bereich Architektur angesiedelten Baubotanik, dem Konstruieren mit lebenden Pflanzen.

Das Verhältnis von Bildhauerei zu Natur und Landschaft lässt sich bei einem Rundgang beispielsweise an den „Raumsteinen" erleben, die als große Granitskulpturen jeweils einen Baustein unserer Landschaft thematisieren. In der Schmiede findet der interessierte Besucher Eisenskulpturen, im Maleratelier die neuesten Ölbilder. Der Aufstieg auf den baubotanischen „Turm" in dem gegenüber gelegenen Geländeteil im Bereich der Riedlandschaft ermöglicht sowohl einen Einblick in

Steinskulptur der Neuen Kunst am Ried

Der Keltische Baumkreis bringt den Menschen die Bäume näher.

dessen pflanzliche Konstruktion als auch einen Ausblick auf das Naturschutzgebiet Ruhestetter Ried.
Riedstraße 26, 88639 Wald-Ruhestetten
Tel. +49 (0)7578 1336;
Öffnungszeiten: nach Vereinbarung
www.neue-kunst-am-ried.de

Der Keltische Baumkreis
Der Keltische Baumkreis ist eigentlich ein Baumkalender und eine neuzeitliche Erfindung. Die Kelten kannten keine Baumkreise. Der Keltische Baumkreis war lediglich ein Gedanken- und Erfahrungskonstrukt: Ordnungssystem, aber auch Kalender. Kenntnisse verschiedenster Art sammelten die Kelten auf diese Weise. So unterteilten sie das Jahr in verschiedene Abschnitte, ordneten sie einem Baum zu und übertrugen sie auf die Menschen.
Der Keltische Baumkreis ist eine gemeinnützige Lehr- und Erlebnisplattform zum Thema Baum und Mensch. Besucher können naturnahes Erleben von altem und neuem Baumwissen erfahren und finden Antworten auf Fragen wie: „Was ist baumgemachte Lebensqualität?" und „Sind Baumeigenschaften übertragbar auf den Menschen?"
Wald-Geißwiesen, 88639 Wald;
www.baumkreis-in-wald.de

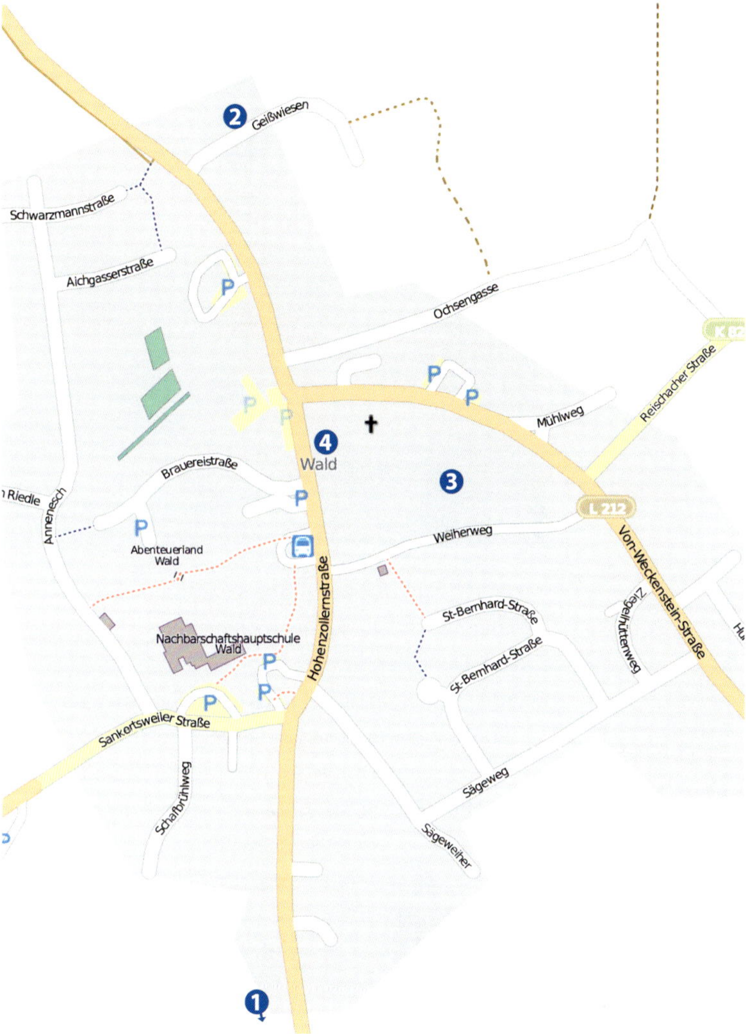

Adressen

1 • *Neue Kunst am Ried*

2 • *Keltischer Baumkreis*

3 • *Klostersee*

4 • *Klosterschule Kloster Wald*

Tourist-Information

Gemeinde Wald/Hohenzollern
Von-Weckenstein-Straße 19
88639 Wald
Tel. +49 (0)7578 92160
www.wald.net

Meßkirch
Ehemalige badische Amtsstadt

Meßkirch bietet herrliche Natur und Landschaft.

Meßkirch liegt überaus pittoresk zwischen Schwäbischer Alb und voralpiner Moränenlandschaft sowie Oberer Donau und westlichem Bodensee. Meßkirch wurde erstmals in der Vita des um 965 n. Chr. geborenen Heiligen Heimerad genannt.
Die Stadt ist auch mit einer Inschrift im Pariser Triumphbogen verewigt. Warum? Im Mai des Jahres 1800 war Meßkirch im Zweiten Koalitionskrieg Schauplatz einer Schlacht zwischen Frankreich und Österreich. Der Name „Moeskirch" im Arc de Triomphe erinnert bis heute an den Sieg der französischen Revolutionsarmee. Im Zuge der Säkularisation ging das Fürstentum Fürstenberg im Jahr 1806 im neu gegründeten Großherzogtum Baden auf.
Am 17. November 1911 wurde Meßkirch von einem schweren Erdbeben erschüttert. An den Häusern entstanden Risse, Schorn-

Über Nacht

Hotel Adler Alte Post
Adlerplatz 5
88605 Messkirch
Tel. +49 (0)7575 822

Wirtshaus „Rumpelstilzchen"
Familie Liegmann
Zollernstraße 37
88605 Messkirch-Rengetsweiler
Tel. +49 (0)7578 1528
www.backenderwirt.de

steine stürzten um, Sandsteinverzierungen fielen vom Rathausgiebel und in den umliegenden Orten wurden vor allem Kirchtürme erheblich beschädigt. Heute ist die 8.000-Einwohner-Stadt im Landkreis Sigmaringen eine echte Sehenswürdigkeit.

Sehenswertes

Altstadt

Die Altstadt von Meßkirch hat eine über tausendjährige Geschichte. Bei einem Stadtrundgang durch die spätmittelalterlichen Gassen der Altstadt wird der Besucher auf zahlreiche Bauten von hohem kulturellem Wert stoßen. Zur Information sind an historisch bedeutenden Bauten und Plätzen Infotafeln angebracht. In Meßkirch kann man eine ganze Reihe wunderbar restaurierter Fachwerkhäuser bestaunen. Eines davon ist das Kleinfelderhaus von 1456, ein wahres Schmuckstück.

Das Kreutzerdenkmal ehrt den in Meßkirch geborenen Komponisten Conradin Kreutzer.

Schloss Meßkirch

Die Grafen von Zimmern ließen um 1557 das Schloss im Stil der Renaissance erbauen. Herausragend der älteste Renaissancesaal Deutschlands mit einer Länge von 31 Metern und einer prachtvollen Kassettendecke. Hier finden Konzerte, Ausstellungen, Tagungen und Seminare statt. Im Schloss befinden sich zudem ein Oldtimermuseum und die Kunstsammlung

Das Schloss Meßkirch gilt als die früheste Vierflügelanlage der Renaissance.

des Landkreises Sigmaringen sowie ein Museum über Leben und Werk des bedeutenden, aber auch umstrittenen Philosophen Martin Heidegger. Zahlreiche Exponate (Dokumente, Bilder und Objekte zur Früh- und Heimatgeschichte Meßkirchs) u. a. zur Schlacht bei Meßkirch (1800) und zum Komponisten Conradin Kreutzer sind im Heimatmuseum zu sehen.
Schloßstraße 1, 88605 Meßkirch, Tel. +49 (0)7575 20646; Öffnungszeiten: Martin-Heidegger-Museum, Kreiskunstgalerie: ganzjährig Fr, Sa, So, Feiertage: 13–17 Uhr; Oldtimermuseum: April bis Okt.: Sa: 14–17 Uhr, So: 13–17 Uhr

Oben: Unter dem Chorraum der St.-Martins-Kirche befindet sich eine Gruft mit diversen Grablegen.

Unten: Dreikönigsbild des Meisters von Meßkirch um 1535

Hof- und Sassenage-Garten
Kein Schloss ohne prächtigen Garten. Auch das Schloss Messkirch hat einen prächtigen Hofgarten, der 1740 im französischen Stil mit 300 Lindenbäumen angelegt wurde. Der Sassenage-Garten erinnert an die Städtepartnerschaft mit der Stadt Sassenage bei Grenoble. Herrliche Plätze laden zum Entspannen nach einem Stadtrundgang ein.

Stadtpfarrkirche St. Martin
Die eigentlich spätgotische Kirche wurde im 18. Jahrhundert im barocken Stil umgebaut. Sehenswert die Nepomukkapelle, die Bronzeepitaphe der Grafen von Zimmern sowie das „Dreikönigsbild" des Meisters von Meßkirch, eines deutschen Malers der Renaissance, dessen Name nicht bekannt ist.
Kirchstraße, 88605 Meßkirch; Öffnungszeiten: der Seiteneingang ist tagsüber geöffnet

Auf den Spuren Martin Heideggers

Auf dem Friedhof weisen Tafeln den Weg zu Heideggers Ruhestätte.

Das Elternhaus (Mesmerhaus) von Heidegger liegt gegenüber der Stadtpfarrkirche. Eine Tafel erinnert an den früheren Bewohner. Hinter dem Hofgarten beginnt der Feldweg, den man aus Heideggers Schrift „Der Feldweg" kennt, er führt direkt zur berühmten Heideggerbank. Heideggers Grab befindet sich auf dem Meßkircher Friedhof, das Grab ist ausgeschildert.

Feldherrnhügel bei Rohrdorf

Vom Feldherrnhügel aus leitete Generalfeldzeugmeister Kray am 5. Mai 1800 die österreichisch-ungarischen Truppen (45.000 Mann) in der Schlacht bei Meßkirch gegen die französische Rheinarmee unter Divisionsgeneral Moreau (30.000 Mann). Eine Gedenkstätte mit Tafeln und Erläuterungen zur Schlacht informiert den Besucher. Man hat einen tollen Blick über das Schlachtfeld von rund 36 Quadratkilometern.

Diana-Tempel im Ortsteil Heudorf

Neben der Bundesstraße B 311 haben die Römer ihre Spuren hinterlassen. Hier sieht man die Mauerreste des wohl größten in Baden-Württemberg aufgedeckten

Dianatempel mit Altarstein bei der Römischen Altstadt bei Meßkirch

Genuss-Tipp

Landgasthof Restaurant „Frieden"
Sehr gute saisonale Gerichte
Im Unterdorf 5
88605 Meßkirch-Rengetsweiler
Tel. +49 (0)7578 697

Konditorei Café „Hermann Brecht"
Alles aus eigener Herstellung
Hauptstraße 28–30
88605 Meßkirch
Tel. +49 (0)7575 3666

römischen Gutshofs (75 n. Chr.). Noch gut erhalten: der Weihestein für die Jagdgöttin Diana.

Ausflugstipp

Felsentäler im Ortsteil Menningen

Es ist ein sehr empfehlenswertes Wanderziel mit spektakulären, wildromantischen Felsformationen, Felsentoren und Höhlen. Tipp: Besucher können eine ausführliche Wegbeschreibung bei der Tourist-Information Meßkirch erhalten.

Für Genießer

Spezialität: Meßkircher Katzendreck im Café Brecht

Während seiner Kriegsgefangenschaft im Zweiten Weltkrieg kam dem jungen Meßkircher Konditor Hermann Brecht die Idee, ein Kleingebäck der ganz besonderen Art zu kreieren. In Anlehnung an die Katze der Meßkircher „Katzenzunft" kreierte er den „Meßkircher Katzendreck". 1949 wurden dann von ihm die ersten 25 „Katzendreck" hergestellt, eine kleine, aber feine Leckerei. Der Katzendreck wurde zum Meßkircher Kultgebäck und ist als „eingetragenes Warenzeichen" geschützt. Es heißt in Meßkirch, dass der Katzendreck wesentlich leichter zu verdauen sei als die Texte von Martin Heidegger.

Die Rezeptur des „Katzendrecks" ist bis heute ein gut gehütetes Geheimnis.

Adressen

1 • *Schloss Meßkirch*

2 • *Hof- und Sassenage-Garten*

3 • *Stadtpfarrkirche St. Martin*

4 • *Café Brecht*

5 • *Liebfrauenkirche*

6 • *Rathaus*

Tourist-Information

Stadtverwaltung Meßkirch
Conradin-Kreutzer-Straße 1
88605 Meßkirch
Tel. +49 (0)7575 20621
www.messkirch.de

Leibertingen
Tor zum Naturpark Obere Donau

Rund 2.200 Einwohner zählt Leibertingen mit seinen Ortsteilen Altheim, Kreenheinstetten und Thalheim. Die Gegend um Leibertingen ist ein wunderbares Wandergebiet für die ganze Familie, liegt es doch größtenteils im Naturpark „Obere Donau" zwischen 600 und 870 Metern Höhe über dem wunderschönen Tal der Donau. Es hat mit Wald, Burgen, Ruinen, Felspartien und naturbelassener Landschaft alles zu bieten, was ein Wanderherz beglückt. Wie viele Dörfer mit der Endung „...ingen" geht die Geschichte des Dorfes bis ins 3. Jahrhundert n. Chr. zurück, als die Allemannen die Gegend besiedelten. Menschen lebten aber nachweislich bereits 4000–1800 v. Chr. in Höhlen an den Hängen der Donau. Offiziell verbucht ist der Name Leibertingen seit dem Jahre 1275.
Im 16. Jahrhundert war Leibertingen von einer Glashütte dominiert, die bis Mitte des 17. Jahrhunderts betrieben wurde. Als die Wälder aufgrund des hohen

Burg Wildenstein an der Donau in Schwaben

Blick über den Schulteich der Wildensteinschule auf die katholische Kirche St. Peter und Paul

Holzbedarfs für den Betrieb der Glashütte fast gänzlich abgeholzt waren, machte man die Hütte dicht. Zur damaligen Zeit verbrauchte man für 100 Kilogramm Glas unglaubliche 100–200 Kubikmeter Holz. Danach wurde in Leibertingen nach Erz gegraben, das für ein Hammerwerk gedacht war.

Sehenswertes

Die Leibertinger Kirche Sankt Peter und Paul

Diese Kirche gilt als eine der Vorboten des Barock. Das Schmuckstück der Pfarrkirche St. Peter und Paul ist die sogenannte „Leibertinger Madonna" von 1525. Direkt neben der Pfarrkirche befindet sich das „Pfarrhöfle", eines der ältesten Gebäude Leibertingens aus dem Jahr 1489.

Gasthaus zum Adler

Dieses Haus wurde vermutlich 1478 erbaut. Neben dem erwähnten Pfarrhöfle ist es das älteste Gebäude im Ort. Auf dem Anwesen befinden sich zwei freigelegte

Genuss-Tipp

Gasthaus zum Adler
Kreuzbühl 1
88637 Leibertingen
Tel. +49 (0)7466 318
www.adler-leibertingen.de

Das Gasthaus zum Adler ist seit 150 Jahren in Familienbesitz.

Gewölbekeller, einer wurde früher als Eiskeller genutzt und diente in den Kriegsjahren auch als Schutzbunker für Kinder und Schüler.

Über Nacht

Landgasthaus Zur Traube in Kreenheinstetten
Hier wurde er geboren, der berühmteste Sohn des Dorfes, der Wiener Hofprediger Abraham a Santa Clara (1644–1709). Das Schmuckstück des Gasthauses ist ein Kachelofen, an dem sich bereits Abraham a Santa Clara wärmte. Im November 1956 wurde eine gemütliche Abraham-a-Santa-Clara-Stube eingerichtet.

Abraham-a-Santa-Clara-Straße 12
88637 Leibertingen-Kreenheinstetten
Tel. +49 (0)7570 440
www.traube-kreenheinstetten.de

Gedenkstätte für Abraham a Santa Clara

In der ehemaligen Pfarrscheuer wurde ein kleines Museum eingerichtet. Dort ist neben allgemeinen kirchlichen Ausstellungsstücken der Lebensweg von Abraham a Santa Clara nachzuvollziehen. Nicht weit von der Kirche entfernt, hat man dem Wiener Hofprediger ein überlebensgroßes Standbild (1910) gewidmet.

Jagdschlösschen in Thalheim

Etwa um das Jahr 1740 ließ Fürst Josef Friedrich von Hohenzollern-Sigmaringen das sogenannte Jagdschlösschen in Thalheim erbauen. Dieses Gebäude diente zunächst wohl vorwiegend dem zuständigen Jagdaufseher. Später wurde der zweigieblige verputzte Bruchsteinbau als Pfarrhaus und auch als Kindergarten genutzt. Heute ist er wunderschön renoviert.

Ausflugstipp

Burg Wildenstein

Nicht weit von Leibertingen, am Steilabfall zur Donau, kann man eine der besterhaltensten mittelalterlichen Befestigungsanlagen überhaupt, die Burg Wildenstein, besuchen. Ihr Inneres jedoch nur, sofern man einmal in einer Jugendherberge übernachten möchte. Die Burg strahlt mit ihrer historischen Schönheit weit über die Donau hinaus. Die erste urkundliche Erwähnung der Burg findet sich in einem Jahrbuch des Klosters Beuron von 1077. Wie sie damals aussah, ist unbekannt, aber ihr heutiges Gesicht stammt zweifelsfrei aus dem 13. Jahrhundert. Dass es auch die Herren von Wildenstein von 1168 bis 1174 gab, ist nachgewiesen. Es war die Zeit der sogenannten Höhenburgen, als das Rittertum zwecks Trennung vom Bauernstand begann sich auf Bergnasen, Felsvorsprüngen und sonst zur Verteidigung geeigneten Hochflächen Burgen zu bauen. Als die Herren von Wildenstein ausstarben, traten die Justinger auf den Plan. 1317 wurden auch sie letztmals erwähnt. Ein Großteil ihres Besitzes fiel an das Kloster Beuron, ein weiterer Teil als „Mannlehen" an die Herren von Zimmern, von denen einer in Meßkirch

Die Außenanlage der Burg existiert noch fast unverändert in ihrem Zustand von 1554.

Die Burgkapelle mit dem sogenannten Wildensteiner Altar, eines der Hauptwerke des Meisters von Meßkirch

residierte. Dann fiel die Burg an den Grafen von Helfenstein und Gundelfingen und an die Fürsten von Fürstenberg. 1971 kaufte das Jugendherbergswerk Schwaben das Schloss und eröffnete 1974 die Jugendherberge mit 150 Betten und jährlich etwa 25.000 Übernachtungen. Im Burghof und in der Burgschenke kann jeder Wanderer eine Einkehr halten.
Für das Haus Fürstenberg wurde Wildenstein 1744 Staatsgefängnis und Waffenarsenal. Lange Zeit war die Burg Wohnung für die zuständigen Jagdaufseher und die Betreuer der fürstlichen Waldungen. Ende des Zweiten Weltkriegs wurde eine Fakultät der Universität Freiburg auf die Burg ausgelagert. Einmal im Jahr, jeweils am 3. Sonntag im September, wenn der Wildensteiner Jahrmarkt stattfindet, gibt es die Möglichkeit einer Burgführung.

Für Genießer

Probieren Sie unbedingt „Dinnete"

Wie bei so vielen Gerichten, gibt es auch für eine „Dinnete" unzählige, regionale Bezeichnungen, beispielsweise Dinnede, Dünnele, Dinnele oder wie in der Traube in Leibertingen-Kreenheinstetten „Dinnetle".
Es ist eine schwäbische Spezialität, die dem Elsässer Flammkuchen ähnelt, jedoch kleiner ist und mit einem breiteren Rand gebacken wird. Dinneten werden mit unterschiedlichen Belägen angeboten: mit Zwiebeln und Speck oder mit Kartoffeln und Käse – eigentlich mit allem, was man möchte.
Dinnete kann mit Hefe- oder Mürbteig hergestellt werden. Wichtig ist, dass der Teig sehr dünn ausgewellt wird, schließlich kommt das Wort „Dinnete" von dünn. Am besten schmeckt sie aus dem Holzofen!

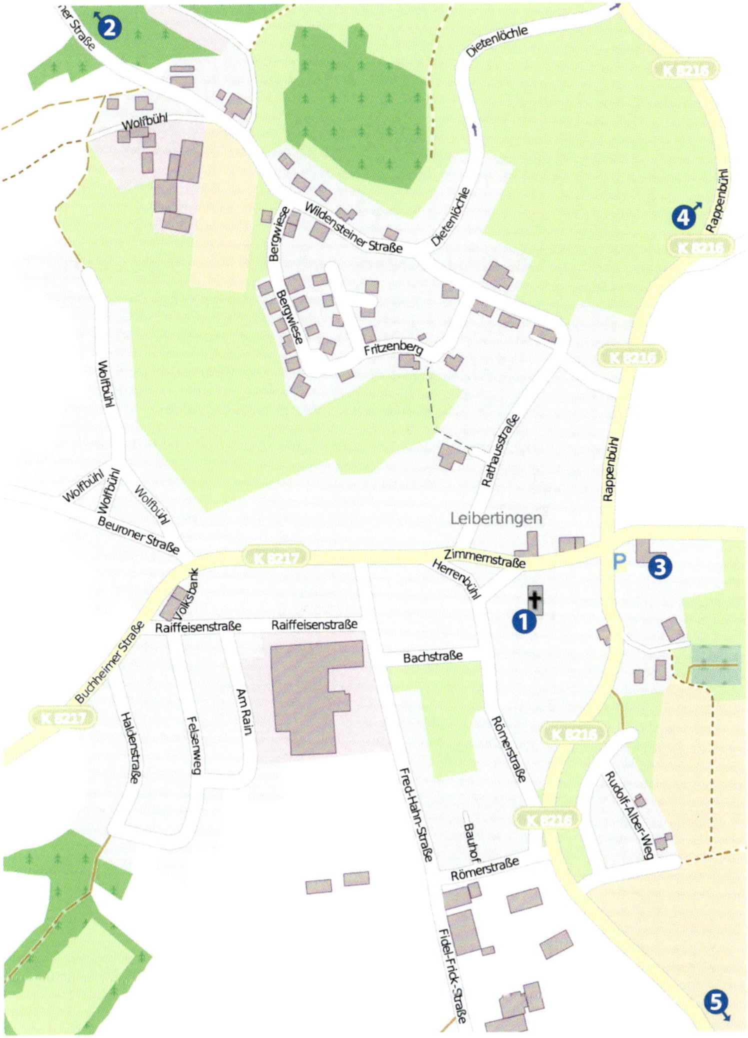

Adressen

1 • *Kirche Sankt Peter und Paul*
2 • *Burg Wildenstein*
3 • *Gasthaus zum Adler*
4 • *Gedenkstätte für Abraham a Santa Clara*
5 • *Jagdschlösschen in Thalheim*

Tourist-Information

Gemeindeverwaltung Leibertingen
Rathausstraße 4
88637 Leibertingen
Tel. +49 (0)7466 92820
www.leibertingen.de

Beuron
Das Herz des „Naturparks Obere Donau"

„Als der Herrgott die Welt erschaffen hatte, da war ein kleines Fleckchen Erde übrig geblieben. Es war vollkommen nackt und unansehnlich. Der Schöpfer wollte hier einen kleinen Garten für sich errichten, an dem er seine Freude haben wollte. Also nahm er von überall Dinge, die ihm gefielen, und setzte sie zu einer ganz besonderen Landschaftskomposition zusammen. Dieses Kunstwerk gibt es heute noch: „Das Tal der jungen Donau!"

Noch immer werden Teile der Ruinenanlage Falkenstein freigelegt.

Beuron ist nicht nur der Name des Klosters, sondern auch der Gemeinde, die sich aus vier Teilgemeinden zusammensetzt. „Hauptstadt" ist Hausen im Tal. Ebenfalls dazu gehören Thiergarten, Neidingen und Langenbrunn. Heute leben keine 700 Einwohner in diesen vier Gemeinden, weshalb es eine ruhige Gegend ist:

wie ein Kloster außerhalb des Klosters für Erholungssuchende, Wanderer und Pilger.
Alle Teilgemeinden zusammen und doch jede für sich haben eine lange Geschichte vorzuweisen. Hausen wurde als Rittersitz Anfang des 11. Jahrhunderts gegründet. Im 17. Jahrhundert wurde es österreichisch, kam zu den Fuggern und wurde 1810 badisch. Thiergarten wird erstmals 1275 als eigene Pfarrei erwähnt. Sehenswert auf jeden Fall die kleinste dreischiffige Basilika nördlich der Alpen. Nahe Thiergarten sollte man auch die Ruine Falkenstein (ca. 13. Jahrhundert) besichtigen. Die Ruine ist frei zugänglich.
Neidingens Geschichte kann man bis ins Jahr 1390 zurückverfolgen. Erst den Herren von Falkenstein gehörend, entwickelte sich Neidingen parallel zu Hausen. Die meisten Besucher zieht es aber zu den grandiosen Schaufelsen über der Donau mit herrlichen Aussichtspunkten.
In Langenbrunn (erstmals erwähnt im 11. Jahrhundert) steht auf einem enormen Felsen das bekannte Schloss Werenwag. Hier lebte im 13. Jahrhundert der Minnesänger „Hugo von Werenwag". Werenwag ist heute im Besitz des Hauses Fürstenberg und nicht zu besichtigen.
Beuron ist das „Herz" des „Naturparks Obere Donau", rund 25 Kilometer von Sigmaringen entfernt. Der spektakuläre Donaudurchbruch bei Beuron ist ein tief in den Kalkstein eingefräßtes Flusstal, Ergebnis von 160 Millionen Jahren Arbeit der Donau.

Hugo von Werenwag, Minnesänger des 13. Jahrhunderts

Schloss Werenwag war Machtzentrum der gleichnamigen Herrschaft Werenwag.

Sehenswertes

Die Beuroner Donau-Holzbrücke

Die 73 Meter lange überdachte Holzbrücke bringt Wanderer sowie Radfahrer nahe Beuron über die Donau. Bereits im Jahre 1801 wurde sie fertiggestellt und war bis 1975 allen Verkehrsteilnehmern zugänglich. Rund 100 Meter donauabwärts wurde eine Stahlbetonbrücke gebaut, auf der sich heute die Autofahrer drängeln. In ihren ursprünglichen Zustand wurde die Holzbrücke 1976 zurückversetzt.

Der Kohlenmeiler

Am Wanderweg von Beuron hin zur Burg Wildenstein trifft man auf den „Buchbrunnen" mit seinem wunderbar schmeckenden Frischwasser. Hier befindet sich ein Schau-Kohlenmeiler des Schwäbischen Albvereins. Genau an dieser Stelle wurde bis Mitte des 19. Jahrhunderts Holzkohle gebrannt. Eine Informationstafel informiert über die Geschichte der Köhlerei und der Förderung von Bohnerz auf der Zollernalb.

Heiligenfigur in der Benediktushöhle

Benediktushöhle

Die Benediktushöhle, im Volksmund auch Einsiedlerhöhle

genannt, ist eine natürliche Durchgangshöhle westlich von Beuron und gehört zum „Naturpark Obere Donau". Die Höhle im Durchbruchstal der Oberen Donau wurde von der Donau durch eine Kombination von Korrosion und Erosion geschaffen. Man findet sie donauabwärts vom Kloster Beuron und oberhalb der St.-Maurus-Kapelle.
Die Höhle ist fünf Meter lang, drei Meter breit und drei Meter hoch. An ihrer Donauseite ist sie mit einem Stahlgitter verschlossen. In der Höhle befindet sich ein lebensgroßes Heiligenbildnis des sitzenden Benedikt von Nursia. Führungen sind nach Voranmeldung möglich.
Erzabtei St. Martin zu Beuron
Abteistraße 2, 88631 Beuron
Tel. +49 (0)7466 17175;
www.erzabtei-beuron.de

Der Knopfmacherfelsen
So wird ein Felsvorsprung genannt, der ein wunderbarer Aussichtspunkt

Über Nacht

Gasthof Berghaus
Waldstraße 1
88631 Beuron-Thiergarten
Tel. +49 (0)7570 951562
www.berghaus-bauer.de

Hotel Gasthof Neumühle
Neumühle 1
88631 Beuron
Tel. +49 (0)7570 9590
www.neumuehle.de

Gasthof Steinhaus
Schwenninger Straße 2
88631 Beuron–Hausen im Tal
Tel. +49 (0)7579 921041
www.gasthof-steinhaus.de

Haus Maria Trost
Edith-Stein-Weg 1
88631 Beuron
Tel. +49 (0)7466 483
www.mariatrost.de

Panoramablick vom Knopfmacherfelsen in das Donautal

ist. Man findet ihn zwischen Fridingen an der Donau und Beuron. Vom „Knopfmacherfelsen" aus hat man eine fantastische Aussicht über das gesamte Donautal bis nach Beuron. Dem Namen „Knopfmacherfelsen" liegt folgende Sage zugrunde:
„Hier soll am 4. April 1823 der ehrbare Knopfmacher Fidelis Martin abgestürzt sein, als er mit seinem Pferd vom Markt in Tuttlingen kam. Er hatte sich verspätet, und kurz nach Beuron brach die Nacht herein. Da soll ihm das „Hardtfräulein" begegnet sein, die den Knopfmacher auf den steilen Fels hinaufführte. Und dort stürzte der Knopfmacher samt Pferd in die Tiefe. Erst zwei Wochen später fand sie der Klosterschäfer von Beuron tot am Fuße des Felsens."

Fassadenmalerei zur Sage des Knopfmacher-felsens

Genuss-Tipp

Café Härtl
Wolterstraße 1
88631 Beuron
Tel. +49 (0)7466 7100
www.cafe-haertl.de

Jägerhaus Fridingen
78567 Fridingen
Auf dem Donauradweg von Fridingen nach Beuron (Kloster)
Tel. +49 (0)7466 254
www.jaegerhaus.de

Für Genießer

Naturkost aus dem Naturpark

Der Naturpark Obere Donau ist eine der schönsten und eindrucksvollsten Landschaften Deutschlands. Damit dies auch so bleibt, haben sich Bauern aus dem Naturpark verpflichtet, ihren Besitz nach Grundsätzen des Naturschutzes zu bewirtschaften. Um die Landwirte dabei zu unterstützen wurde eine Adressenliste erstellt, die Auskunft über Adressen und Produkte der beteiligten Landwirte enthält. So hat jeder Besucher die Möglichkeit, einen Beitrag zum Erhalt dieser Region zu leisten. Die Landwirte freuen sich immer über ein persönliches Gespräch, und so können sich Kunden selbst von der Qualität der Angebote überzeugen.

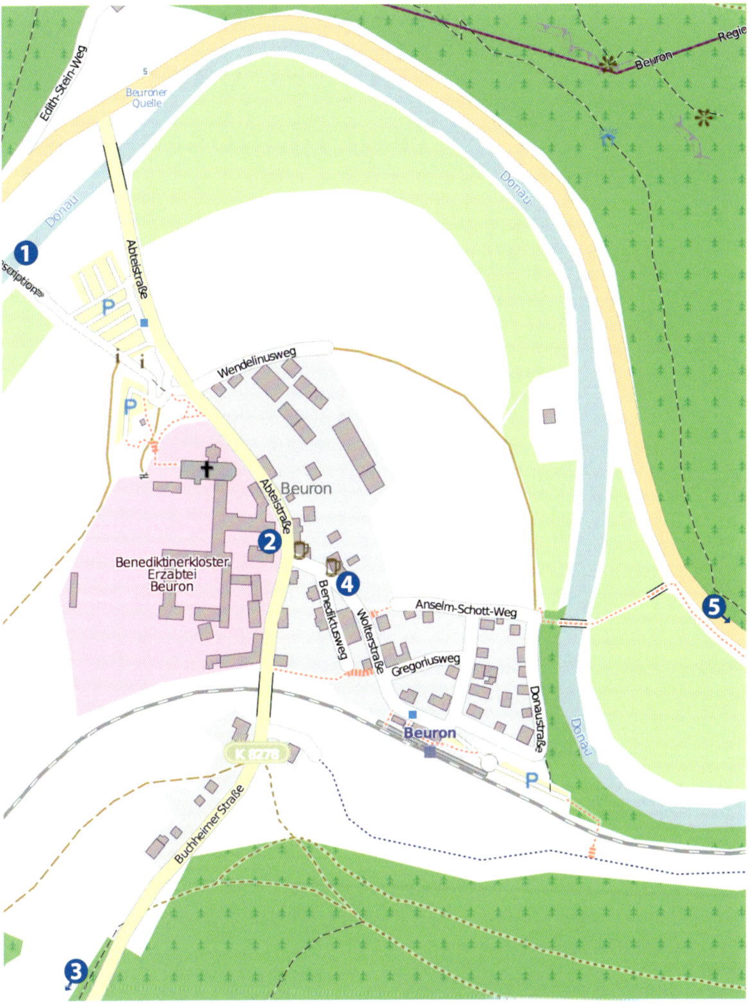

Adressen

1 • *Donau-Holzbrücke*

2 • *Benediktushöhle*

3 • *Knopfmacherfelsen*

4 • *Café Härtl*

5 • *Kohlenmeiler*

Tourist-Information

Bürgermeisteramt Beuron/
Ortsteil Hausen
Kirchstraße 18
88631 Beuron
Tel. +49 (0)7579 92100
www.beuron.de

Erzabtei Beuron Inmitten einer Traumlandschaft

Im Tal der noch jungen Donau liegt die Erzabtei St. Martin zu Beuron, kurz Kloster Beuron, die 1077 als Augustiner Chorherrenstift gegründet wurde. Erst 1863 wurde es von den Benediktinern als Erzabtei St. Martin zu neuem Leben erweckt. Entstanden ist ein modernes, nach wirtschaftlichen Maßstäben betriebenes Kloster, das zu den größten und schönsten Europas gehört. Die Erzabtei Beuron ist Gründungskloster der Beuroner Benediktinerkongregation mit derzeit 16 Klöstern in Deutschland, Österreich und Südtirol. Im Zuge der Säkularisierung kam Beuron 1802 in den Besitz des Fürstenhauses Hohenzollern-Sigmaringen. Bereits 1863 entstand neues klösterliches Leben in Beuron durch die Benediktinermönche Maurus und Placidus Wolter. Grundlage hierfür war eine Stiftung der Fürstin Katharina von Hohenzollern. Doch bereits 1875 während des sogenannten Preußischen Kulturkampfs wurden die Mönche wieder aus dem Kloster gejagt, kehrten jedoch im Jahr 1887 zurück.
Eine Besichtigung des Klosters ist nicht möglich.

Anmeldung für einen Dia-Vortrag für Gruppen nach Terminabsprache mit dem Gästepater: Tel. +49 (0)7466 17158.

Die Abteikirche

Das herausragende Bauwerk des Klosters ist die heutige barocke Abteikirche, die von 1732 bis 1738 von Baumeister Matthäus Scharpf aus Rottweil erbaut und 1872 in ihrem Inneren nach der sogenannten „Beuroner Schule" umgestaltet wurde. „Beuroner Kunst" ist eine besondere Art der figürlichen Darstellung. Die Farben „Gold und Schwarz" stehen im Vordergrund und bilden im Zusammenwirken mit der figürlichen Darstellung einen besonderen Kunststil. 1947 wurde die Umgestaltung des 19. Jahrhunderts zum Teil wieder rückgängig gemacht. Im „Hochaltarblatt" (Altarbild) ist die „Beuroner Schule" noch zu sehen. Aus der Barockzeit vollkommen erhalten sind die beiden Seitenaltäre und Beichtstühle.

In und um das Kloster herrscht rege Betriebsamkeit: Pilger und Besucher, Wander-, Schul- und Jugendgruppen und nicht zuletzt die vielen Gläubigen beherrschen tagsüber das Klostergelände.

Eine Besichtigung ist ganztägig außerhalb der Gottesdienstzeiten möglich.

Kloster Beuron, Erzabtei St. Martin zu Beuron
Abteistraße 2, 88631 Beuron
Tel. +49 (0)7466 17156; www.erzabtei-beuron.de

Die Erzabtei St. Martin liegt am Beuroner Jakobsweg.

Naturpark Obere Donau
Ein echtes Wunder der Natur

Ohne jegliche Übertreibung kann man sagen, dass der Naturpark Obere Donau nicht nur eine geologische Ausnahmeerscheinung ist, sondern eine der beeindruckendsten Naturlandschaften weit über Deutschland hinaus. Natur pur, Vogelgezwitscher, Ruhe und Entspannung, herrliche Sonnenuntergänge, aber auch sportliche Herausforderungen bietet der Naturpark Obere Donau. Beginnen sollte man eine Entdeckungstour im „Haus der Natur" in Beuron.

Herzstück des Naturparks ist die Donau, die auf achtzig Kilometern Länge das Kalksteingebirge zerteilt und mit einer wahrlich sensationellen, artenreichen Landschaft den Besucher begeistert. Der Naturpark Obere Donau ist auch Lebensraum unzähliger Tiere: Rehe, Wanderfalken, Kolkraben, Dachse, Füchse, Gämsen, Uhus und selbst Biber leben hier in freier Wildbahn. Schlösser, Burgen und das berühmte Kloster Beuron sind für kulturinteressierte Besucher unverzichtbarer Bestandteil eines unvergesslichen Aufenthalts.

Außerdem ist der Naturpark Obere Donau ein Paradies für Wanderer, Radfahrer, Paddler und Kletterer. Der vielbefahrene Radwanderweg Donaueschingen – Passau durchquert den Naturpark auf einer Länge von über neunzig Kilometern. Wanderer hingegen können ein Wanderwegenetz – mit zahlreichen Rast- und Spielplätzen – von sage und schreibe 3.500 Kilometern nutzen. Wald bedeckt nahezu die Hälfte der Naturparkflächen.

Einen besonderen Service bietet der Naturparkverein mit dem „Naturpark-Express" an, der an 22 Bahnhöfen hält und mit einem extra Waggon ausgestattet ist. Hier

finden hundert Fahrräder Platz – ideal für Wanderer und Radfahrer, um sich an einen selbst ausgewählten Start- und Endpunkt zu begeben. Der Naturpark-Express fährt von Mai bis Oktober ab Sigmaringen. Eine weitere Besonderheit ist die „Donauversickerung" bei Immendingen und Fridingen. Wanderer werden erstaunt sein, dass die gesamte noch junge Donau bei längerer Trockenheit plötzlich komplett verschwindet (versickert). Man wandert sozusagen über der Donau. Aus kleinen Seitenbächen bildet die Donau sich dann wieder neu. Das versickerte Donauwasser hingegen fließt über die Aachquelle in den Rhein.
Bei einer Bootsfahrt auf der Donau kann man Natur pur erleben. Achtung: Bootfahren ist nicht überall erlaubt, fragen Sie unter Tel. +49 (0) 746692800 nach, bevor Sie eine Paddeltour starten und erkundigen Sie sich nach den Wasserständen. Bei zu geringen Wasserständen ist die Donau gesperrt, ebenso außerhalb der Bootssaison von Mai bis Ende September. Bei Hochwasser kann die Bootstour, besonders für unerfahrene Bootsfahrer, lebensgefährlich werden.
Naturpark Obere Donau e. V.
Wolterstraße 16, 88631 Beuron, Tel. +49 (0)7466 92800;
www.naturpark-obere-donau.de

Die Hälfte der Fläche des Naturparks ist von Wald bedeckt.

Irndorf
Vom ehemaligen Namen schwer gebeutelt

Auch Irndorf kann auf eine bewegte Geschichte zurückblicken. Erstmals urkundlich erwähnt wird Irndorf 1094 in einer Schenkungsurkunde. Die Irndorfer Bevölkerung hatte immer und immer wieder auch großes Elend und Leid durch zahlreiche Kriege zu ertragen. Vor allem während des Dreißigjährigen Kriegs musste die Gemeinde schwer leiden wie auch unter den beiden Weltkriegen des 20. Jahrhunderts.
Erst im späten 20. Jahrhundert hielt die Industrialisierung in Irndorf Einzug. Heute kann Irndorf eine gute Mischung von Gewerbe- und Handwerksbetrieben sowie Einzelhandelsgeschäften vorweisen.
Die gesamte Umgebung der kleinen Gemeinde ist ein Wandergebiet inmitten von wunderbaren Felsenlandschaften und Wäldern. Durch Irndorf führt auch der

Blick vom Eichfelsen ins Donautal

Jakobsweg zum Kloster Beuron. 1973 erlebte die Irndorfer Bevölkerung bei der Renovierung ihrer Kirche einen bedeutsamen Tag. Man fand ein Dokument das belegte, dass Irndorf ursprünglich nicht „Irrendorf" hieß. So konnte man sich mit einer Umbenennung vom Gespött der Nachbarn befreien. Es war für die Einwohner eine zweifelhafte Ehre, dass ihr Wohnort viele Jahre den Namen „Irrendorf" tragen musste.

Über Nacht

Wanderheim und Restaurant „Rauher Stein"
Hier gibt es Mehrbettzimmer für Gruppen.
Haus des Schwäbischen Albvereins
Rauher Stein 1
78597 Irndorf
Tel. +49 (0)7466 276
www.wanderheim-rauher-stein.de

Sehenswertes

St.-Peter-Kirche

Die heutige Pfarrkirche wurde während der Revolution von 1848/49 im neuromanischen Stil erbaut. Der 46 Meter hohe Kirchturm überragt den Ort, das Innere der Kirche wurde 1899 wunderschön ausgemalt. Zudem besitzt die Kirche noch ein gotisches Kruzifix, eine Pietà und das Reliquiengehäuse zur Verehrung der „Guten Beth von Reute" und eine „Maria vom Siege".

Ortsansicht von Irndorf mit der St.-Peter-Kirche

Auf dem Dorfplatz von Irndorf, dem Molkeplatz, steht jedes Jahr ein traditioneller Maibaum.

Felsengarten

Dass Felsen nicht einfach leblose Steine sind, wird den Besuchern des Felsengartens bei Irndorf eindrucksvoll gezeigt. Hintergrund ist der Wunsch, den Besuchern die vielfältige Vegetation auf und um den Felsen zu zeigen, aber auch darauf hinzuweisen, warum der Schutz der Pflanzen so wichtig ist. Man erfährt, dass die gigantisch hohen Felswände des Oberen Donautals ehemals Riffe eines Meeres waren und heute eine geschützte Zone für bedrohte Pflanzenarten sind.

Besucher des Felsengartens können die vielfältige Form der Felsenvegetation kennenlernen.

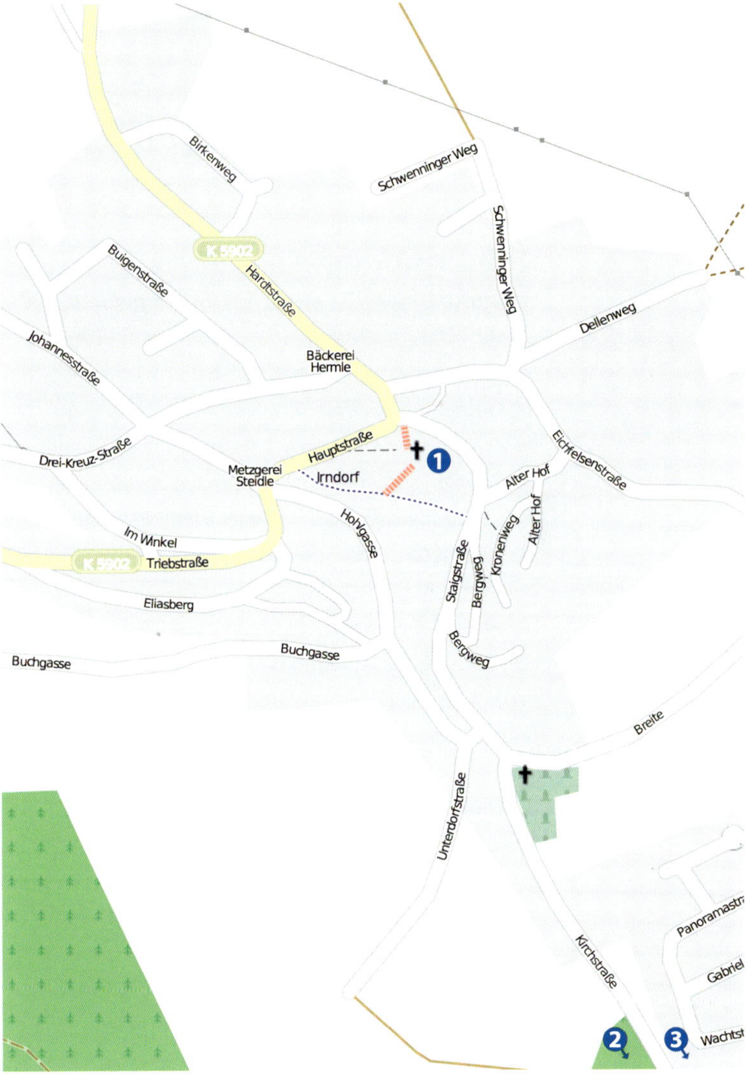

Adressen

1 • *St.-Peter-Kirche*

2 • *Felsengarten*

3 • *Restaurant „Rauher Stein"*

Tourist-Information

Gemeinde Irndorf
Eichfelsenstraße 22
78597 Irndorf
Tel. +49 (0)7466 227

Schwenningen (Heuberg) Rau, aber herzlich!

Als Besucher der Hohenzollernstraße muss man darauf achten, dass man das kleine Dorf Schwenningen mit etwa 1.600 Einwohnern nicht mit der Stadt Villingen-Schwenningen verwechselt. Deshalb bezeichnet sich die Gemeinde auch als Schwenningen (Heuberg), denn auf dem Heuberg liegt sie auch. Dieser wiederum gehört zum südwestlichsten Teil der Schwäbischen Alb. „Rau, aber herzlich!" – dieses Prädikat wird dem Klima zugeschrieben, das auf 870 Metern über Meereshöhe herrscht. Es ist eine kalte Gegend, von der behauptet wird, dass die Luft „wie ein Gläschen Sekt" den Kreislauf in Schwung halten würde. Dabei zählt man mit rund 2.000 Sonnenstunden im Jahr zu den Spitzenreitern in Deutschland.

Sehenswertes

Flora und Fauna

Zu sehen gibt es in Schwenningen selbst nicht viel: die katholische Pfarrkirche St. Kolumban von 1819 und die Antonius-Kapelle. Doch die Natur rund um den Ort lohnt einen Aufenthalt auf jeden Fall. Ein wirklich interessanter „Erlebnispfad" von elf Kilometern Länge erklärt auf sehr verständliche Weise Fauna und Flora in diesem Teil der Schwäbischen Alb.

Besucher, die sich gern sportlich betätigen, sind in Schwenningen genau richtig. Nicht nur Wanderer und Radfahrer kommen hier auf ihre Kosten, auch Kletterer finden rund um Schwenningen hervorragende Möglichkeiten. Und im Winter stehen den Gästen gespurte Loipen zur Verfügung.

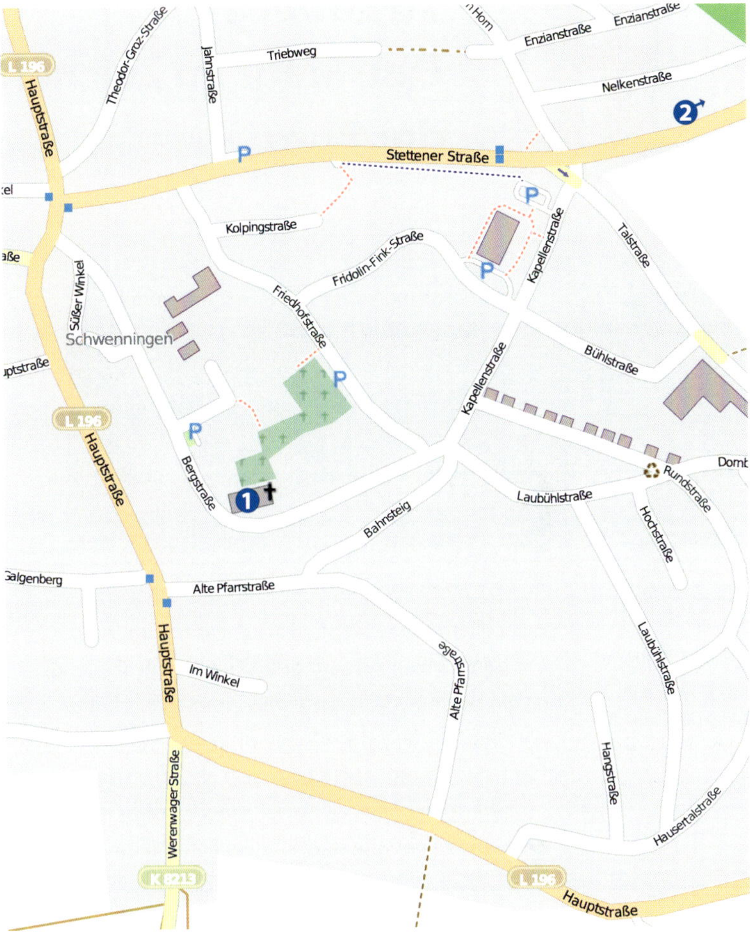

Adressen

1 • *Pfarrkirche St. Kolumban* **2** • *Antonius-Kapelle*

Über Nacht

Landgasthof-Restaurant Unger
Werenwagerstraße 2
72477 Schwenningen/Heuberg
Tel. +49 (0)7579 532
www.landgasthof-unger.de

Tourist-Information

Bürgermeisteramt Schwenningen
Alte Pfarrstraße 9
72477 Schwenningen
Tel. +49 (0)7579 921212
www.schwenningen.de

Straßberg
Eine Stadt im Zeichen der Burg

Straßberg liegt in einer der reizvollsten Tallagen der Schwäbischen Alb.

Rund 2.600 Menschen leben am südöstlichen Rand des Zollernalbkreises in der Gemeinde Straßberg mit dem Ortsteil Kaiseringen. Die gesamte Gegend ist ein beliebtes Wandergebiet. Am 31. Oktober 843 wurde Straßberg erstmals urkundlich erwähnt. Der Name Straßberg taucht erst 1253 als „Strassperg" auf. Straßberg erging es nicht viel anders als fast allen Gemeinden entlang der Hohenzollernstraße: Von 1287–1532 wurde die Gemeinde von sogenannten Lehensträgern verwaltet. Ab 1803 gehörte der Ort den Fürsten von Thurn und Taxis, bereits 1806 den Fürsten von Hohenzollern-Sigmaringen, die 1836 Straßberg endgültig kauften. Straßberg kam 1973 zum neu geschaffenen Zollernalbkreis.

Der Ortsteil Kaiseringen hat eine ebenso lebendige Geschichte, die nachweislich bis ins Jahr 1312 zurückgeht. Auch Kaiseringen wurde verschenkt, verkauft oder verliehen. 1971 hat sich Kaiseringen mit Straßberg zusammengeschlossen.

Genuss-Tipp

Landgut Untere Mühle
Gehobene Küche,
ein zünftiges Vesper oder
regionale Köstlichkeiten
Mühlstraße 37
72479 Straßberg
Tel. +49 (0)7434 315112

Sehenswertes

Burg Straßberg

Die Besonderheit dieser mittelalterlichen Burg ist nicht nur ihr Aussehen, sondern auch ihre Bausubstanz, die überwiegend noch aus der Mitte des 13. Jahrhunderts stammt. Seit der ersten Erwähnung 1334, als sich die Burg im Lehensbesitz der Grafen von Hohenberg befand, wechselten die Besitzer immer wieder. Die Herren von Westerstetten bauten die Burg 1597 zu einem Bergschloss um. Doch bereits 28 Jahre später wurde sie zum Sommersitz der Fürstäbtissinnen des Stifts Buchau, die eine Kirche am Schloss bauen ließen. Die Kirchenruine prägt wesentlich das heutige Aussehen der Burg.
Im Zuge der Säkularisierung wurde die Burg 1836 durch den Fürsten von Hohenzollern-Sigmaringen übernommen, 1967 von Fürst Friedrich Wilhelm von Hohenzollern an einen Privatmann verkauft. Sie ist ständig bewohnt und kann nicht besichtigt werden.

Burg Straßberg auf einer Ansichtskarte

Rathaus

Das Rathaus wurde 1745 als das „Neue Schloss" vom Deutschordensbaumeister Johann Kaspar Bagnato im Auftrag der Fürstäbtissin Maria Carolina von Königsegg-Rothenfels gebaut.
Das gesamte Schloss wurde mit Stuckdecken versehen, die heute noch im Flur und Sitzungssaal zu sehen sind. 1880 kaufte es die Gemeinde vom Fürstenhaus Hohen-

zollern-Sigmaringen und machte es zu einem Schulgebäude. Dann wurde das „Schloss“ zu einem Wohnhaus umgebaut, ein Zimmer bekam der Bürgermeister. Bald jedoch zog die gesamte Stadtverwaltung in das Haus ein. Mehrere Renovierungen machten das Rathaus zu einem echten Mittelpunkt des Städtchens.
Lindenstraße 5, 72479 Straßberg

1745 ließ die Fürstabtissin Maria Carolina von Königsegg-Rothenfels das heutige Rathaus errichten.

Pfarrkirche „St. Verena“
Die heutige Kirche, der Heiligen Verena geweiht, wurde zwischen 1737 und 1742 erbaut. Dabei hat man Teile einer kleineren, 1613 geweihten Vorgängerkirche verwendet. Der Turm stammt noch aus dem frühen Mittelalter. Die Ausstattung der Kirche ist absolut sehenswert.
Kirchplatz, 72479 Straßberg; tagsüber geöffnet

Der Neubau der Pfarrkirche St. Verena von 1737 bis 1742 stammt vom Baumeister Christian Gosser.

Ausflugstipp

Wanderwege
Zwölf Rundwanderwege führen durch die beeindruckende Natur der Schwäbischen Alb. Auf rund siebzig Kilometern sind herrliche Wanderwege ausgebaut, auf denen die Umgebung von Straßberg und Kaiseringen entdeckt werden kann.

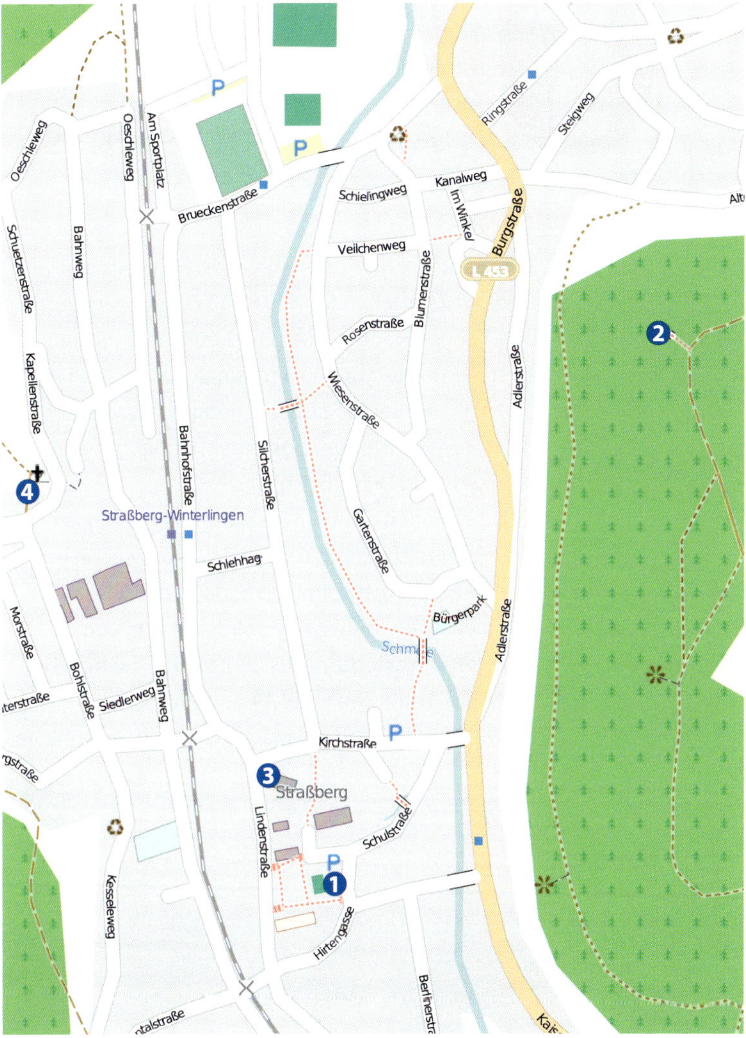

Adressen

1 • *Rathaus*

2 • *Burg Straßberg*

3 • *Pfarrkirche St. Verena*

4 • *Marienkapelle*

Tourist-Information

Bürgermeisteramt Straßberg
Lindenstraße 5
72479 Straßberg
Tel. +49 (0)7434 93840
www.strassberg.de

Meßstetten
Wo die Schwäbische Alb am höchsten ist

Inmitten einer herrlichen Alblandschaft liegt die Stadt Meßstetten mit rund 10.500 Einwohnern auf dem Großen Heuberg. Mit fast 1.000 Metern Höhe zählt Meßstetten zu den höchstgelegenen Städten in Deutschland. Sechs Stadtteile gehören zu Meßstetten: Hartheim, Heinstetten, Hossingen, Oberdigisheim, Tieringen und Unterdigisheim.
Urlauber finden rund um Meßstetten eine wirklich noch intakte Natur mit Rad- und Wanderwegen und herrlichen Aussichtspunkten entlang des Albtraufs. Den vielleicht schönsten Ausblick hat man vom Meßstetter Wasserturm aus (992 Meter), wo man bei schönem Wetter sogar die Alpen sehen kann.
854 wird Meßstetten erstmals urkundlich erwähnt. Vor

Etliche Aussichtspunkte ermöglichen einen herrlichen Ausblick auf das Albvorland.

der alemannischen Besiedlung, auf die die Endung „stetten" zurückzuführen ist, lebten hier bereits Kelten und Römer. Im 12. Jahrhundert war Meßstetten im Besitz der Grafen von Hohenberg, dann kamen die Herren von Hohenstetten und irgendwann gab es auch die Herren von Meßstetten. Deren Wappen, ein silberner Becher auf rotem Grund, ist das heutige Ortswappen von Meßstetten. Diese Herren verkauften Meßstetten im 14. Jahrhundert an Württemberg.
Etwa seit Ende des 18. Jahrhunderts wurde die karge Landwirtschaft durch Webereien ergänzt, und im ausklingenden 19. Jahrhunderts kam die neue Strick- und Wirkwaren-Industrie dazu, die etwas Wohlstand brachte.

Sehenswertes

Die historische Maurermühle in Unterdigisheim

Sie ist eine historische wasserkraftbetriebene Getreidemühle von 1394, deren Mühlstein bis 1850 in Betrieb war. Dämonen und Masken waren bis 1820 am Mühlrad angebracht. Das große Erdbeben von 1911

Genuss-Tipp

Gasthaus Grottental
Jeden Mittwoch ab 16 Uhr großes schwäbisches Vesperbüffet
Widumstraße 14
72469 Meßstetten-Oberdigisheim
Tel. +49 (0)7436 371
www.grottental.de

Café-Restaurant Nostalgie
Die Kuchentheke bietet täglich selbstgebackene Kuchen und Torten
Hausener Straße 26
72469 Meßstetten-Tieringen
Tel. +49 (0)7436 311
www.hotel-nostalgie.de

richtete in der Mühle schwere Schäden an, woraufhin sie aufwendig saniert werden musste. Einst war die Maurermühle eine Herrschaftsmühle des Fürstlichen Verwaltungsraums Schloss Werenwag. Die zum Herrschaftsgebiet gehörenden Ortschaften waren verpflichtet in der Herrschaftsmühle zu mahlen.

Naturdenkmäler

Der Kleine Hohle Fels und der Große Hohle Fels sind beispielhaft für die erdgeschichtliche Entwicklung vom Jurameer bis zum heutigen Karstgebirge mit seinen Höhlen, Dolinen und Trockentälern. Im Höhleninneren des Großen Hohlen Felsens ist eine Skulptur der heiligen Barbara zu sehen, Schutzheilige der Bergleute und der Artillerie. Die Höhlen befinden sich auf dem Truppenübungsplatz Heuberg, deswegen ist das Betreten und Befahren für Zivilpersonen verboten.

Nach einem anstrengenden Aufstieg über eine Wendeltreppe bietet der Wasserturm eine hervorragende Fernsicht.

Über Nacht

Gasthof Waldhorn
Waldhorn 1
72469 Meßstetten
Tel. +49 (0)7431 3066603

Hotel-Café-Restaurant Nostalgie
Hausener Straße 26
72469 Meßstetten-Tieringen
Tel. +49 (0)7436 311
www.hotel-nostalgie.de

Hotel-Restaurant Schwane
Hauptstraße 11
72469 Meßstetten
Tel. +49 (0)7431 94940
www.hotel-schwane.de

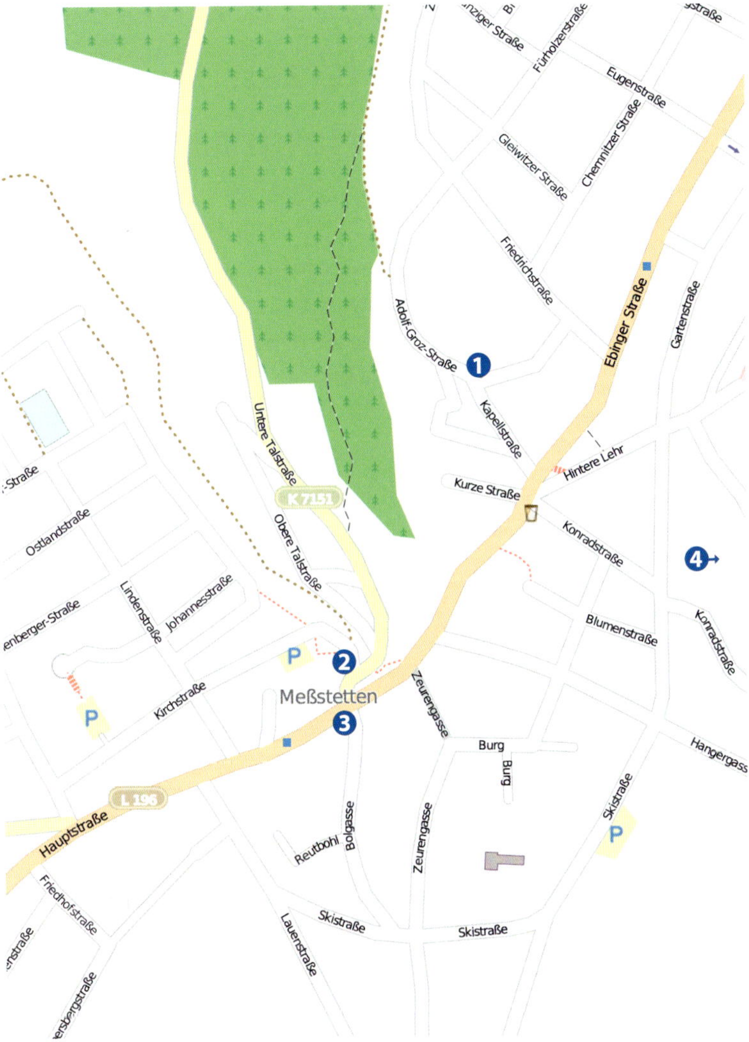

Adressen

1 • *Friedenskirche*

2 • *Lamprechtskirche*

3 • *Hotel Restaurant Schwane*

4 • *Truppenübungsplatz Heuberg*

Tourist-Information

Stadtverwaltung Meßstetten
Hauptstraße 9
72469 Meßstetten
Tel. +49 (0)7431 63490
www.messstetten.de

Stetten a. k. M. Im Herzen des Naturparks

In einer schönen Landschaft im Herzen des Naturparks liegt die 5.000-Einwohner-Gemeinde Stetten am kalten Markt mit den Ortsteilen Frohnstetten, Storzingen, Nusplingen und Glashütte. Stetten am kalten Markt liegt auf der Hochfläche des Heubergs zwischen dem romantischen Donau- und Schmeietal.

Stetten by Kaltenmark, so hieß einst der aus alemannischer Zeit stammende Ortsname. Nach der Grafschaft Hohenberg kamen die Herren von Jungingen und andere, bis die Herren von Hausen kamen, die im 16. Jahrhundert ein Schloss, das heutige Rathaus bauten. Der Ortsteil Frohnstetten kam 1806 zu Hohenzollern-Sigmaringen. 1910 wurde in Stetten der badische Truppenübungsplatz Heuberg eingerichtet. Von hier startete das erste bemannte Raketenflugzeug der Welt. Seit 1973 gehört Stetten zum Landkreis Sigmaringen.

Rathaus in Stetten

Sehenswertes

Feuerwehrmuseum

Das Feuerwehrmuseum mit seiner beeindruckenden Sammlung an Uniformen, Helmen, Gegenständen und Unikaten aus dem Feuerwehrwesen des 20. Jahrhunderts, sowie einer Saug- und Druckpumpe aus dem Jahre 1867 ist unter dem selben Dach untergebracht wie die sehr interessante Militärgeschichtliche Sammlung.

Militärgeschichtliche Sammlung

In der Militärgeschichtlichen Sammlung kann man Militärgeschichte von der Kaiserzeit bis zur Bundeswehr erleben. Eine besondere Attraktion ist der Nachbau einer Natter-M23 in Originalgröße, sowie ein Triebwerk der Maschine und einige Originalteile der „Natter" aus dem Jahre 1945.
Mit diesem Raketenflugzeug fand im März 1945 der erste bemannte Raketenflug der Welt statt.
Hardstraße 58, 72510 Stetten a. k. M.
Tel. +49 (0)7573 5041000;
www.stetten-akm.de;
Direkter Zugang vom Parkplatz des Soldatenheims in der Hardstraße

Genuss-Tipp

Gasthof Schwanen
Ebinger Straße 1
72510 Stetten a. k. M.
Tel. +49 (0)7573 726
www.schwanenfrohnstetten.de

Der Nachbau der Natter-M23 in Originalgröße

Grab von Lothar Sieber

Der erste bemannte Raketenstart der Welt

Der Name Lothar Sieber müsste eigentlich in allen Geschichtsbüchern stehen, aber er ist ein vergessener Held. Ein Held deshalb, da er der erste Mensch der Welt war, der am 1. März 1945 senkrecht an Bord eines Raketenflugzeugs in die Luft geschossen wurde. Er überlebte diesen Flug nicht und fand auf dem Friedhof von Stetten seine letzte Ruhestätte. Ein Findling erinnert noch an den Start der „Natter-Rakete".

Über Nacht

Hotel Gasthof Rössle
An der Hilb 13
72510 Stetten a. k. M.
Tel. +49 (0)7573 951300
www.roessle-stetten.de

Landgasthaus zum Kreuz
Hauptstraße 9
72510 Stetten a. k. M.
Tel. +49 (0)7573 7804000
www.landgasthauskreuz.de

Konzentrationslager Heuberg

Von März bis Dezember 1933 wurden ca. 15.000 Regimegegner von den Nazis auf dem Heuberg inhaftiert. Sie gehörten zur sogenannten Strafdivision 999, darunter auch der Sozialdemokrat Kurt Schumacher. Ein Mahnmal bei der Drei-Tritten-Kapelle erinnert an die Opfer des Heubergs. Zudem befand sich hier ein Lager für sowjetische Kriegsgefangene, die auf dem „Russenfriedhof" in Stetten bestattet wurden.

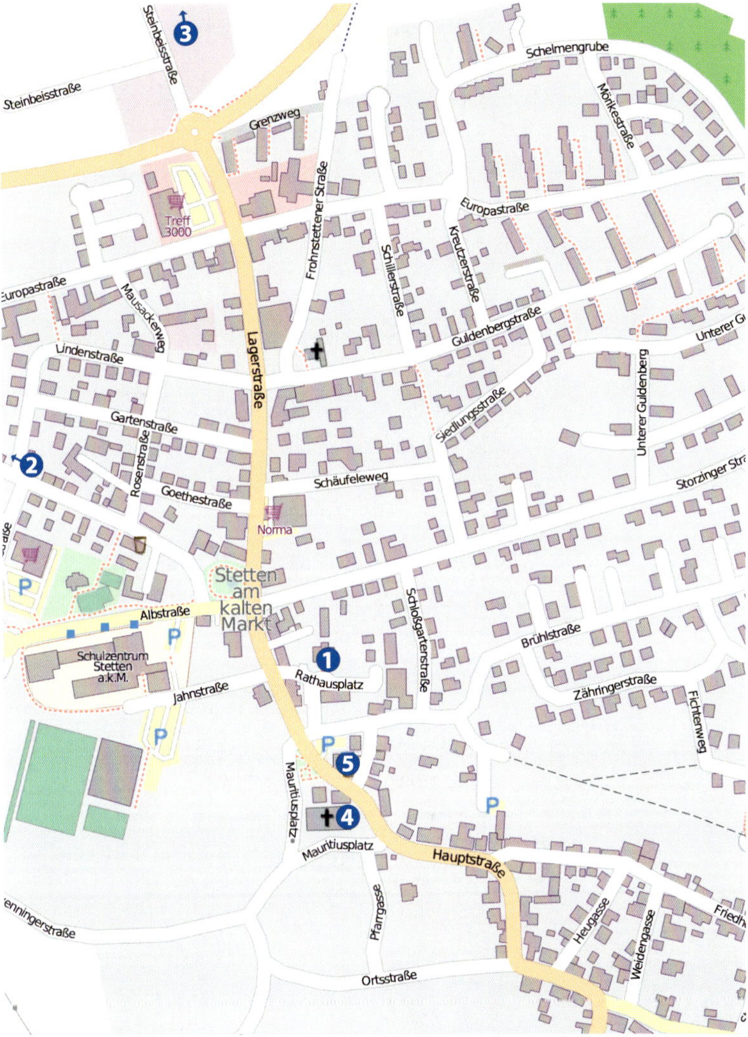

Adressen

1 • *Rathaus*

2 • *Militärgeschichtliche Sammlung und Feuerwehrmuseum*

3 • *Konzentrationslager Heuberg*

4 • *Pfarrkirche St. Mauritius*

5 • *Landgasthaus zum Kreuz*

Tourist-Information

Touristeninformation Stetten
Rathausplatz 1
72510 Stetten am kalten Markt
Tel. +49 (0)7573 951524
www.stetten-akm.de

Schömberg
Narrenstädtchen mit bunter Vielfalt

Keine 5.000 Einwohner leben auf dem nach drei Seiten steil abfallenden Bergsporn. Schömberg erschließt sich auch aus diesem Grund nicht auf den ersten Blick als Erholungsort. Auf den zweiten Blick jedoch erkennt man, dass Schömberg neben einer hübschen, kleinen Altstadt eine Menge zu bieten hat, um hier einige Tag verweilen zu wollen. Besonders Urlauber mit Kindern finden in Schömberg und seiner Umgebung ein spannendes und abwechslungsreiches Angebot. Besonders lohnenswert ist ein Besuch des Narrenstädtchens während der Fasnetzeit.

Auch Gastangler dürfen am Stausee von Schömberg fischen.

Die Entstehung der Schömberger Fasnet lässt sich bis zum Jahre 1796 zurückverfolgen. Die ersten Narrenkleider tauchten im Jahre 1812 in Schömberg auf. Üblich für den schwäbisch-alemannischen Raum ist es, die Verkleidung nicht von Jahr zu Jahr zu wechseln, sondern beizubehalten und über Generationen zu vererben.

Bis zur offiziellen Gründung der Narrenzunft Schömberg im Jahre 1922 wurde das Narrentreiben durch die Handwerkerzünfte organisiert. Im Jahre 1952 trat die Narrenzunft Schömberg der Vereinigung Schwäbisch-Alemannischer Narrenzünfte bei, die zu den ältesten und bedeutendsten Organisationen dieser Art zählt. Eine charmante Schömberger Eigenheit ist es, dass die Zunft keine festgeschriebenen Mitglieder hat, sondern jeder Schömberger als gebürtiger bzw. eingebürgerter Narr gilt und somit automatisch als der Zunft zugehörig.

Die Schömberger im traditionellen Narrenkostüm, dem Häs

Höhepunkt der Schömberger Fasnet ist die „Polonaise" mit ihrem beeindruckenden Auftritt aller Schömberger Narren in traditionellen Häs (=Kostüm) und Masken bei musikalischer Begleitung. Vom Fasnetsonntag bis zum Fasnetdienstag zaubern 700 Hästräger ein imposantes Bild auf den Schömberger Marktplatz. Sie tanzen in ihrem Narrensprung eine Polonaise. „Dr Bolones", wie der Narrentanz mundartlich korrekt bezeichnet wird, dauert über eine Stunde und wird an verschiedenen Narrentagen getanzt. Seit 1974 findet als Fasnets-Endbrauch am Fasnetsdienstag um 23.45 Uhr eine Mitternachtspolonaise statt.
Im Narrenmuseum sind rund fünfzig historische Gewänder und Häser zu sehen, ebenso Masken, alte Schriften, Fahnen und Urkunden, die viel über Tradition und Brauchtum der Schömberger Fasnet erzählen.
Die Einzelfiguren der Schömberger Fasnet können im Narrenmuseum in Lebensgröße besichtigt werden.
Narrenmuseum: Schulgasse 13, 72355 Schömberg
Öffnungszeiten nach Absprache im Bürgerbüro Schömberg Tel. +49 (0)7427 94020

Balingen Shoppingmekka inmitten von Natur

Balingen ist die Kreisstadt des Zollernalbkreises und Mittelpunkt des Tourismusgebietes Schwäbische Alb, also idealer Ausgangspunkt für Wanderungen und Touren aller Art. Ob individuelles Wandern auf zertifizierten Wegen entlang des Albtraufs oder Radfahren auf verschiedenen Pfaden des Jakobswegs– die Möglichkeiten einer aktiven Freizeitgestaltung sind groß. 863 wurde Balingen erstmals urkundlich erwähnt und gehörte ursprünglich zum Besitz der Grafschaft Haigerloch. Dann kam die Herrschaft der Grafen von Hohenberg, der die Zollerngrafen folgten. 1255 wurde an Balingen das Stadtrecht verliehen. Für die Zeit der Stadtgründung ist bereits eine Lateinschule (1277) nachzuweisen. 1403 erfolgte der Verkauf des gesamten Territoriums an Württemberg. Im 1372 erbauten Schloss residierte bis Mitte des 18. Jahrhunderts ein jeweiliger Obervogt. Nicht zuletzt in Anknüpfung an die alte Amtsstadttradition wurde Balingen 1973 zum

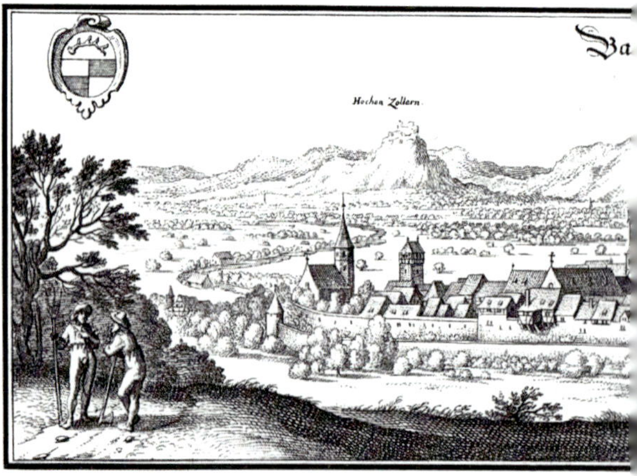

Sitz des neugebildeten Landkreises Zollernalb bestimmt.

Sehenswertes

Fußgängerzone

Die Balinger Innenstadt mit der Fußgängerzone hat sich in den letzten Jahren zu einer der attraktivsten der Region entwickelt. Sämtliche Einkaufsmöglichkeiten, Restaurants, Cafés, Bars und Biergärten machen diesen Bereich Balingens zu einem der lebhaftesten Plätze. Durch die Fußgängerzone fließt ein kleines Bächlein, um das herum viele Spielmöglichkeiten für Kinder eingerichtet wurden.

Evangelische Stadtkirche

Direkt am Marktplatz steht die vielleicht schönste spätgotische Hallenkirche überhaupt. Sie wurde zwischen 1443 und 1541 aus der alten Kapelle St. Nikolaus erbaut. Unübersehbar das Wahrzeichen der Stadt: der 61 Meter hohe, direkt auf den Chor aufgesetzte achteckige Turm,

Über Nacht

Hotel Stadt Balingen
Hirschbergstraße 48
72336 Balingen
Tel. +49 (0)7433 260070
www.hotel-stadt-balingen.de

Hotel-Gasthof Lang
Wilhelm-Kraut-Straße 1
72336 Balingen
Tel. +49 (0)7433 993970
www.hotelgasthof-lang.de

Hotel Thum
Klausenweg 20
72336 Balingen
Tel. +49 (0)7433 96900
www.hotel-thum.de

Balingen um 1650

Das Grabmal Friedrichs von Zollern befindet sich in der Evangelischen Stadtkirche.

an dem eine Sonnenuhr von 1760 angebracht ist. Im Innern der Kirche sind Werke des einheimischen Renaissancekünstlers Simon Schweizer und eine sehr schöne Barockorgel von 1767 zu sehen.
Am Marktplatz; Öffnungszeiten: sonntags: Sommer 10–17 Uhr, Winter 10–16 Uhr

Rathaus
Das heutige Rathaus wurde 1811 gebaut. Auf seinem Dach ist ein Glockenspiel mit Westminsterschlag angebracht. Im Rathaus befindet sich auch eine Galerie, wo man zeitgenössische Kunst in modernem Ambiente genießen kann.
Rathaus Galerie Balingen
Färberstraße 2, 72336 Balingen;
Öffnungszeiten: Mo–Do: 8–18 Uhr, Fr: 8–13 Uhr, Sa: 9–13 Uhr

Häuser in der Friedrichstraße
Zeigen, was man hat, das wollte man auch im 19. Jahrhundert, als es um die Fassaden der Bürger- und Geschäftshäuser in der Friedrichstraße ging. Zwischen 1870 und 1900, in der Phase des Historismus, wurde so manches Gebäude prachtvoll umgestaltet. Bestes Beispiel: das sogenannte „Lämmle-Haus" in der Nummer 52.

Eindrucksvoll: der achteckige Turm der Stadtkirche

Spital und Amtsgericht
Die alten, beim Stadtbrand 1809 zerstörten Spitalgebäude gibt es nicht mehr. In der heutigen Ebertstraße entstand aber ein Neubau, dem man 1860 die Uhr des oberen Torturmes mit zwei Glocken aufs Dach setzte.

Auf dem Rathaus befindet sich ein Glockenspiel, das dem Glockenschlag der Westminster Abbey nachempfunden ist.

Das hatte auch einen Grund: Die Uhr der Stadtkirche war für die Bewohner der Oberen Vorstadt zu weit weg, um die Zeit ablesen zu können.

Zollernschloss, Reiterhaus und Wasserturm
Balingens Aushängeschild im historischen Stadtkern ist das ursprünglich 1372 erbaute Zollernschloss mit Reiterhaus und Wasserturm. Das ab etwa 1750 nicht mehr bewohnte Hauptgebäude wurde im Laufe der Jahre mehr als baufällig und 1920 von der Stadt gekauft. 1935 wurde es dem Erdboden gleichgemacht und bis 1937 nach altem Vorbild wieder aufgebaut. Heute befindet sich hier das Museum für Waage und Gewicht. Vom Schloss gelangt man über einen Steg zum letzten

Im 18. Jahrhundert wurde das Zollernschloss als Gaststätte und Brauerei genutzt.

Der südöstliche Wehrturm ist durch eine überdachte Brücke mit dem Zollernschloss verbunden.

noch erhaltenen Eckturm der Balinger Stadtmauer, heute der sogenannte Wasserturm. Im Reiterhaus befindet sich seit 1921 die Balinger Jugendherberge. *Schloßstraße 6, 72336 Balingen*

Museum für Waage und Gewicht
Die europaweit einmalige Sammlung des Museums wurde als Dauerleihgabe der Stadt Balingen von den Waagenbaufirmen Bizerba und Kern & Sohn überlassen. Zu den Highlights zählen u.a. eine Waage aus der Römerzeit, filigrane Münzwaagen, eine gigantische Heuwaage aus dem 18. Jahrhundert sowie eine Ori-

Die Sammlung des Museums umfasst 400 Exponate, die die Entwicklung der Wägetechnik beleuchten.

ginalneigungswaage des Mechanikerpfarrers Philipp Matthäus Hahn von etwa 1790.
Zollernschloss, Schloßstraße 6, 72336 Balingen; Öffnungszeiten: Mi, Fr, So und jeden 1. Sa im Monat: 14–17 Uhr, freier Eintritt

Zehntscheuer

Zehntherr in Balingen war natürlich der Landesherr. Jahr für Jahr, bis zur Zehntablösung 1848 wurde das mächtige Gebäude bis unters Dach vor allem mit Getreide und Heu gefüllt – dem zehnten Teil des von den Zehntpflichtigen eingefahrenen Ernteertrags. Von 1986 bis 1990 wurde das alte Gemäuer saniert und zum Haus der Museen ausgebaut. Hier befinden sich nun das Heimatmuseum und die Friedrich-Eckenfelder-Galerie.
Neue Straße 59, 72336 Balingen; Öffnungszeiten: Di–So, feiertags: 14–17 Uhr; freier Eintritt

Klein-Venedig

Von der Zehntscheuer führt ein schmales Gässchen zum ehemaligen Gerberviertel am Mühlkanal, das die Balinger gerne „Klein-Venedig" nennen. Balingen war eine Hochburg der Gerber. Dieser für Balingen einst so wichtige Gewerbezweig fiel dann im 19. Jahrhundert der Industrialisierung zum Opfer. Die alten Werkstattgebäude wurden zu Wohnungen umgebaut. Der letzte Balinger Gerber stellte 1993 den Betrieb ein. Heute ist das gesamte Viertel saniert, trotzdem noch sehenswert.

Genuss-Tipp

Krokodil Balingen
Tipp: Hausgemachte Fleischküchle mit Spiegelei und Pommes Frites
Grünewaldstraße 20
72336 Balingen
Tel. +49 (0)7433 276671

Café „Klein Venedig"
Eisspezialitäten und frischer Kuchen
Am Mühlkanal 35
72336 Balingen
Tel. +49 (0)7433 9985348

Restaurant Pfeffermühle
Tipp: gegrillte Hummerkrabben in Olivenöl auf feurigem Paprikaratatouille
Wilhelm-Kraut-Straße 52
72336 Balingen
Tel. +49 (0)7433 9975960
www.pfeffermuehle-balingen.de

„Klein-Venedig": das ehemalige Gerberviertel von Balingen

Jeden Donnerstag bietet die Heilig-Geist-Kirche einen Mittagsgottesdienst an.

Heilig-Geist-Kirche
Das in neugotischem Baustil errichtete Gotteshaus entstand in den Jahren 1897–1899. Die durch den Eisenbahnanschluss (1874) einsetzende Industrialisierung der Stadt hatte einen sprunghaften Anstieg des katholischen Bevölkerungsanteils zur Folge, was den Bau einer katholischen Kirche erforderte. 1964 wurde der nach Norden gerichtete Erweiterungsbau fertiggestellt. Dessen Innenraum erhielt 1998/99 eine moderne künstlerische Ausgestaltung. Dort steht auch eine in Holz geschnitzte Kopie der „Balinger Madonna". Das Original befindet sich im Dominikanermuseum Rottweil.
Heilig-Geist-Kirche, Am Kirchplatz, 72336 Balingen, tagsüber geöffnet

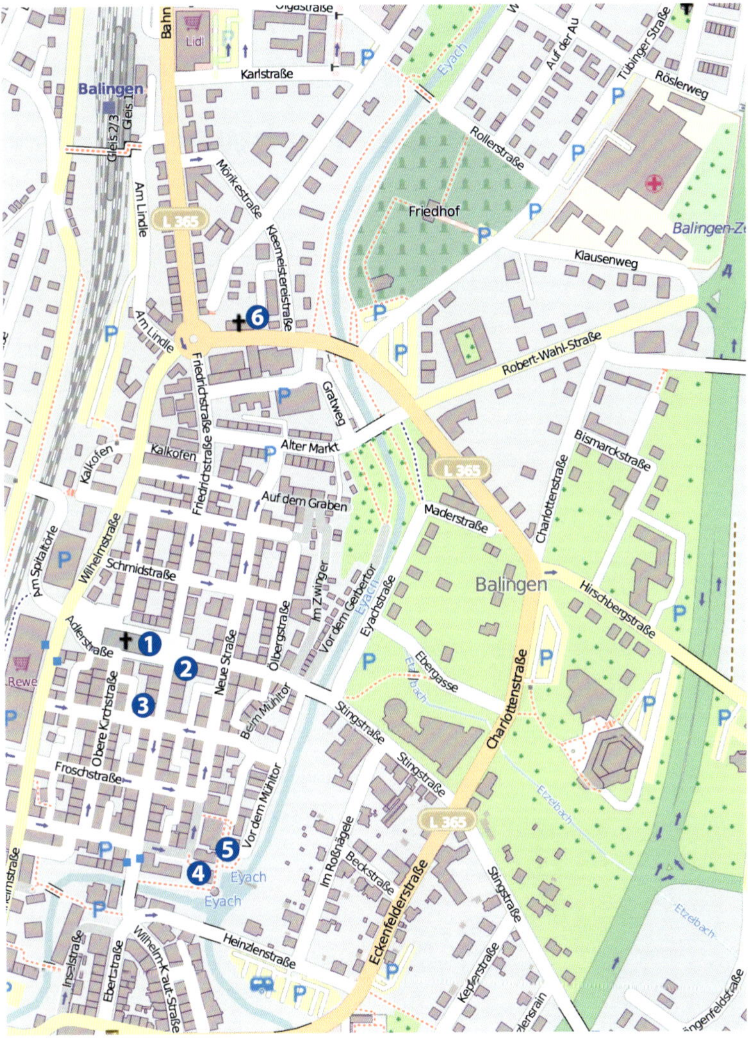

Adressen

1 • *Evangelische Stadtkirche*

2 • *Rathaus*

3 • *Lämmlehaus*

4 • *Zollernschloss*

5 • *Museum für Waage und Gewicht*

6 • *Heilig-Geist-Kirche*

Tourist-Information

Touristik-Information
Färberstraße 2
72336 Balingen
Tel. +49 (0)7433 170119
www.balingen.de

Rosenfeld
Eine Stadt im Zeichen des Fachwerks

Sie ist ein wahres Schmuckkästchen mit herrlich sanierten und renovierten Fachwerkhäusern, die rund 6.000-Seelen-Gemeinde Rosenfeld. Die erste urkundliche Nennung Rosenfelds stammt aus dem Jahr 1255. Die Herzöge von Teck gelten als Gründer. 1305 bzw. 1317 wurde Rosenfeld vom Haus Württemberg erworben. Danach baute man Rosenfeld zu einer der vier stärksten Stadtfestungen Württembergs aus, die Stadt erhielt den Rang einer Vogtei.
Unter der Regierung von Herzog Christoph von Württemberg (1515–1568) wurde der Rosenfelder Fruchtkasten, ein gewaltiges Renaissancegebäude, ganz aus Feldsteinen erbaut. Dieses imposante Gebäude liegt in der Altstadt von Rosenfeld: 48 Meter lang, 16 Meter breit und 26 Meter hoch, diente es als Handelslager und eiserne Reserve für schlechte Zeiten. Heute befindet sich im Fruchtkasten das Heinrich-Blickle-Museum, mit einer Sammlung gusseiserner Ofenplatten.
Das wahrscheinlich bedeutendste Kulturdenkmal Rosenfelds ist das Ursulahaus mit Spuren, die in das

Jahr 1429 zurückgehen. Es wird vermutet, dass es das Geburtshaus der Ursula von Rosenfeld ist. Ursula wurde durch die Heirat mit dem Markgrafen Ernst von Baden-Durlach zur Stammmutter der Großherzöge von Baden.

Die achteckige Aufstockung der Stadtkirche wird von einer Laterne bekrönt.

Außergewöhnlich ist die Alte Apotheke in der nordwestlichen Ecke des mittelalterlichen Stadtkerns, die als das älteste erhaltene Steinhaus (1244) in Süddeutschland gilt. 1343 erfolgte in Steinbauweise eine Geschossaufstockung. Das dreistöckige Dachwerk wurde 1553 aufgesetzt. Ab 1729 bis ins 19. Jahrhundert hinein ist es als Apotheke belegt. Seit 1983 befindet sich das Haus in Privatbesitz. Von außen zu sehen ist das alte Portal mit dem gräflich-württembergischen Wappen. Ebenfalls sehenswert ist das Alte Rathaus aus dem 15. Jahrhundert in der Frauenberggasse. Aus dieser Epoche stammen auch die Alte Gerbe in der Mömpelgardgasse und die Stadtkirche mit zweigeschossiger Vorhalle an der Ostspitze der Altstadt.

Rosenfeld ist Sitz der „Günther-Lehner-Stiftung" mit Brauerei und Weinkellerei. Verkostungen finden im rustikalen Gewölbekeller mit einheimischen Spezialitäten statt. In der Besichtigung im Preis zum 15 € sind enthalten: Begrüßungstrunk, Brauereiführung, Führung durch den Weinkeller mit anschließender Weinprobe, zwei „Fleischküchle" mit Kartoffelsalat und drei Glas Bier.

Ursulahaus: Frauenberggasse 1, 72348 Rosenfeld; nur von außen zu besichtigen
Heinrich-Blickle-Museum: Frauenberggasse 1 72348 Rosenfeld; Öffnungszeiten nach Vereinbarung; Tel. +49 (0)7428 93921
Günther-Lehner-Stiftung GmbH: Balinger Straße 7 72348 Rosenfeld, Tel. +49 (0)7428 945160; www.lehner-bier.de

Links oben: Der württembergische Herzog Eberhard im Bart ordnete den Bau des Fruchtkastens, eines Getreidespeichers für Notzeiten, an.

Links unten: Im Fruchtkasten befindet sich das Heinrich-Blickle-Museum mit rund 200 Ofenplatten aus Süddeutschland, der Eifel, Hessen-Nassau, dem Elsass und Holland.

Register
Von A bis Z

Abbildungsverzeichnis

© S. 7 DAPD; S. 9 o. DPA; S. 14 WDR; S. 15 o., S. 15 u., S. 27, S. 33, S. 45, S. 53, S. 59, S. 69, S. 79 o., S. 79 u., S. 87, S. 91, S. 101, S. 107, S. 113, S. 117, S. 131, S. 135, S. 141, S. 147, S. 153, S. 157, S. 161, S. 167, S. 173, S. 179, S. 187, S. 189, S. 193, S. 197, S. 201, S. 211 OpenStreetMap; S. 17, S. 202, S. 208 o. WFG Zollernalbkreis GmbH; S. 28, S. 29, S. 30, S. 31 Gemeinde Rangendingen; S. 36 u., S. 38 o. Ralf Roletschek; S. 47, S. 48 u., S. 49, S. 51 o., S. 51 u., S. 52 Roland Beck / Burg Hohenzollern; S. 55 o., S. 55 u., S. 57 o., S. 57 u. Gemeindeverwaltung Bisingen; S. 68 Gastronomiebetrieb Hailfinger GbR; S. 70, S. 71, S. 75 l. S. 75 r., S. 77, S. 78 Stadtverwaltung Burladingen; S. 85 Alb-Gold Teigwaren GmbH / Trochtelfingen; S. 86 u. Narrenverein Schrei-Au Trochtelfingen e.V.; S. 92, S. 94 o., S. 95, S. 96, S. 97 o., S. 97 u., S. 98, S. 99 o., S. 99 u., S. 100 m., S. 100 u. Stadt Gammertingen; S. 94 u. Privatarchiv Willi Götz; S. 103, S. 106 o., S. 106 u. Stadtverwaltung Hettingen; S. 104 o., S. 104 u. Mechthilde Schnitzer/ Fastnachtsmuseum Narrenburg; S. 109 o., S. 109 u., S. 110, S. 111 Stadt Veringenstadt; S. 114 Günter Rittner; S. 116 o. Roland Nonnenmacher, 72516 Scheer Deutschland; S. 121 o., S. 121 u., S. 122 o., S. 122 u., S. 123 o., S. 123 u. Schloss Sigmaringen; S. 136 o., S. 136 u., S. 137 o., S. 137 u. Stadtverwaltung Mengen; S. 143 o., S. 143 u., S. 144, S. 145, S. 146 o. Gemeinde Ostrach; S. 154, S. 155 Schule Schloss Salem gemeinnützige Betriebsgesellschaft mbH; S. 156 o. Naturbad Hohenfels e.V.; S. 160 o., S. 160 u. Neue Kunst am Ried, Susanne und Cornelius Hackenbracht; S. 169, S. 170, S. 171 Stadt Meßkirch; S. 184, S. 185, S. 186 o., S. 186 u. Gemeinde Irndorf; S. 194, S. 196 Stadt Meßstetten; S. 198, S. 199, S. 200 o. Iris Kupke / Verkehrsbüro Stetten a.k.M.

©©

S. 8 Bundesarchiv, Bild 136-C0681; S. 11 o. M. Lutz; S. 11 u., S. 37 u., S. 38 u., S. 40 o., S. 40 u., S. 41 o., S. 41 u., S. 42 o., S. 42 u. RA Dr. jur. Hans G. Müsse; S. 12 o., S. 16, S. 18 o., S.18 u., S. 24, S. 82, S. 83 o., S. 83 u., S. 84 u., S. 86 o., S. 125, S. 126 u., S. 175 u., S. 206 o., S. 206 u., S. 207 o., S. 207 u., S. 208 u., S. 201 o., S. 212 u., S. 213 o. Rainer Halama; S. 18 m., S. 19 o. Felix König; S. 20 Epibase; S. 21 Bundesarchiv, Bild183-R57262; S. 22 Quartl; S. 32 Kobako; S. 39 o., S. 73, S. 165 o., S. 190 u. Zollernalb; S. 44 m. H0m3r; S. 56 Okmijnuhb; S. 58 Wuselig; S. 59 Nic_Moe; S. 62, S. 63 Ikar.us; S. 64 A. Köppl; S. 65, S.66 Harald Bischoff; S. 67 mih; S. 74, S. 200 u. Schakko; S. 76 digipic; S. 84 o. Hansjörg Lipp; S. 105, S. 115 o., S. 126 o., S. 127, S. 128, S. 129 Louis Bafrance; S. 119 o., S. 119 u. Hedwig Storch; S. 120 u. Manuel Heinemann; S. 124 LepoRello; S. 132 u., S. 133, S. 134 o. l., S. 134 o. r., S. 146 u., S. 149 o., S. 149 u., S. 150 o., S. 150 u., S. 151 u., S. 159, S. 163 o., S. 163 u., S. 172, S. 174, S. 176 o., Andreas Praefcke; S. 139, S. 140 o., S. 140 u., S. 143 Manuel Heinemann; S. 148 Krajo; S. 151 o. Zairon; S. 156 u. 1971markus; S. 158 Nicolas17; S. 164 o., S. 165 u. Stefan Teuscher; S. 166 Thomas Brecht; S. 176 u. Zottie; S. 180 Elke Wetzig; S. 183 SteveK; S. 192 o., S. 192 u. Franzpaul; S. 203 Thomas; S. 201 u. FDV;

Ebenfalls in dieser Serie erhältlich:

1.
Bier- und Burgenstraße
Zu Besuch bei Brauern und Rittern
ISBN: 978-3-941784-30-7

2.
Niedersächsische Spargelstraße
Eine Route für Gourmets und Naturliebhaber
ISBN: 978-3-941784-26-0

3.
Die Deutsche Märchenstraße
Sagenhaftes Land der Brüder Grimm
ISBN: 978-3-941784-31-4

4.
Weinstraße Saale-Unstrut
Im Land der Winzer und Denker
ISBN: 978-3-941784-27-7

5.
Romantische Straße
Bayerische Pracht und Noblesse
ISBN: 978-3-941784-29-1

6.
Straße der Kaiser und Könige
Majestätische Spuren entlang der Donau
ISBN: 978-3-941784-28-4

7.
Die Sisi-Straße
Lebensweg der Kaiserin Elisabeth
ISBN: 978-3-941784-33-8

8.
Straße der Romanik
Ein Blick in die Zeit des Mittelalters
ISBN: 978-3-941784-32-1

10.
Bertha Benz Memorial Route
Geschichte und Kultur entlang der ersten automobilen Fernfahrt
ISBN: 978-3-941784-37-6

11.
Deutsche Spielzeugstraße
Eine Reise zu den Träumen der Kindheit
ISBN: 978-3-941784-39-0

12.
Europäische Mozart Wege
Eine Reise von Salzburg nach Aachen
ISBN: 978-3-941784-40-6

13.
Die Deutsche Technikstraße
ISBN: 978-3-941784-43-7